「超強運」のつかみ方

サイキックカウンセラー
ゆりあ（優李阿）

ロング新書

まえがき

私は、サイキックリーディングという、心情透視や想念伝達といった方法で相手の魂や心を読み取ること、人のツキを読み取ることができます。

これまでにたくさんの方々の運気とツキという存在を客観的に見てきた結果、自分なりに運とツキというものの実態がさらに理解できるようになってきました。

運とツキというものは、その存在を知って、意識して前向きに行動することによって、幸運をつかみ、人生を好転させることができる非常に重要な概念なのです。それを踏まえて、ツキのあり方と運気の流れの性質と特徴について独自にまとめたのが、この本です。

元々は大学で自然科学の分野で研究をしていた私が、神のお導きか不思議な運命で、真っ向から対抗するスピリチュアルな本を書くようになったことに、最近は必然的なものを感じるようになってきました。

一番楽しい時代であるはずの二〇代前半に闘病生活を余儀なくされ、入院中も自宅療養中でも、あらゆる分野のたくさんの本を読んでいました。特に、潜在意識を使った成功哲学のような本を意識して読んで参考にして希望を思い描きながら、元気になったらやりたいことを考えてずっと生きていました。

今思えば、思考は現実化するというのは確かに真実でした。振り返ってみると、私は、重病人ながら、これまですべての夢を実現してきています。

人より一〇年遅れて近くの大学に入学できました。途中で病気が悪化したり、交通事故に遭って重体になったりしたものの、その後すぐに気象予報士の資格を取って、博士号も取得。

思い返せば約三〇年前、闘病で一番大変だった時に読んだ成功哲学に非常に感銘を受け、病気が良くなったら絶対に本に書こうと思っていた、私なりに築き上げた成功哲学。生死を賭けた闘病を乗り越えた今、強運体質になるにはどうすればよいか、というテーマのこの本を、今も生きて現実に書いている自分に感動しています。

絶体絶命の危機にあって、九死に一生を得る体験をこれまで何度もして、乗り越えて来て、強運になったと自負しています。日々の考え方と言動を変え、努力と持続的な行動を積み重ねていくことによって、誰もが運命に振り回されない強運体質になり得るということを、この本では身をもってお伝えしています。

私は子供の頃から動物が大好きで、体が弱く入退院を繰り返しながらも、ずっとできる限り猫や犬を保護して可愛がっていました。その頃から第六感が冴え渡り、普通の人には見えない物が見え、聞こえない物が聞こえるという特殊な能力があり、動物たちと想念伝達で会話をしていました。

体が悪くて外の世界とのつながりが持てない私には、彼らだけが私の味方のように感じられていました。その実体験をまとめた『本当にある猫たちの恩返し』（ロングセラーズ刊）の初版が二〇〇九年八月に出版され、かなりの反響がありました。

この本の出版後すぐ、二〇一〇年の秋に脳梗塞で突然倒れてしまうという想像を絶する出来事が降りかかってしまいました。

小さいころからの難病で社会生活がままならない上、交通事故で頭蓋骨骨折、その後も繰り返し起こった脳梗塞の発作によって、体の右側が完全に麻痺して、右目が見えなくなって、それまで経験したことがないくらい耐え難く辛いどん底に落とされてしまいました。

生死の境を彷徨《さまよ》っているさなかの二〇一一年一〇月、身代わりのように愛猫のチャコが亡くなりました。猫たちの支えもあって脳梗塞自体は治まったものの、その身体へのダメージは想像以上で、腎臓などの内臓に後遺症が残り、今度は持病の難病が悪化してドミノ倒しのように次々と恐ろしい症状に見舞われました。

振り返ると、生きるか死ぬかの瀬戸際で、生きていることが信じられないくらいの状態でした。

ところが、ある時から不思議と治療の効果が出て奇蹟的な回復を遂げ、二〇一五年八月に退院して今に至ります。その後、現在まで全く入院しておらず、退院したらしようと心に決めていたことが、少しずつですが実行できています。
ここまで良くなることは誰から見ても奇蹟にほかなりません。この時から、怖いものなしの強運体質になってきたことを実感してきました。

前作の初版から約一〇年が経ち、今回新たに内容をリニューアルすることになりました。改訂版では、一〇年前と比べて格段に元気になってパワーアップした自分の体験を通して、自分なりに分かった、もっとパワフルにツキを呼び寄せる方法についてお伝えしたいと思います。

「死を待つばかりの廃人同様だった私が、運とツキを味方にして、強運体質に生まれ変わった。そして、病気にも打ち勝って、今はやりたいことを身近なことから着実にどんどん実現しています。
この本はそういった実体験から、願いを叶えていくための実践的な方法を、自分なりに解釈して分かりやすく具体的に書いたものです。

私自身、とても孤独で相談する相手もなく、どうにか自力で解決して人生を立て直してきました。人生の裏街道でずっと病魔と闘いながら、一人で模索しながら体感した運とツキをつかむ方法が、この本にはたくさん組み込まれています。

たとえ今、最悪な状況にいたとしても、明るい未来を信じて人生をやり直そうと思えば必ず救いがある。今、どん底にいる人ほど強運になれる。誰でも、運とツキをつかんで強運になれるはず。そう信じて、この本を読んでくださった方々が有意義な人生が送れるようになることを祈りながら書きました。

コロナ禍や災厄で世の中が激変してとんでもない時代の中、人生において難題にぶつかって、ツキに見放されたと思うこともあるかもしれません。

でも、最近ツイていないなあと思った時には、落ち込む前に、この本を読んで、人生をやり直しませんか。

もし、この本を一度読んだ後で、ツキのあり方を忘れたとしても、もう一度読んで思い出してください。

この本には、自分の努力で再び運気をつかんで人生をやり直すための、生き方のヒントがたくさん詰まっています。人生の難題にぶつかる度に、ツキのアンチョコのような、この本を読み返し、行動を始めてください。

そうすれば、必ず再びツキを味方にでき、人生が軌道修正されて、あなたも強運体質になっていることでしょう。

それでは、ツキと幸運を確実につかんで、もう一度素晴らしい人生をやり直す輝かしい未来へのスタートです。

優李阿

もくじ

第2章　夢を現実に変える強運な人の特徴

第3章　ツキが巡って強運になるための実践的な方法

第4章　ピンチはチャンス

第1章

逆境を克服して強運体質になった私

願いをかなえるガネーシャさまの登場

我が家には不思議なガネーシャさまの置物の「ガネちゃん」がいらっしゃいます。『保護犬タック命の奇蹟』（ロングセラーズ刊）に書きましたが、ガネちゃんは二〇一九年に大阪から我が家にやってきて、数々の逸話を残しています。

願いを叶える象ことガネーシャさまは「商売繁盛の神様」「学問の神様」「お金の神様」「開運の神様」「障害を除去してくれる神様」だそうです。

あらゆる障害を除くことから、新しいことを始めるにあたってまずガネーシャに祈りを捧げるとよいとされています。

ガネーシャさまのガネちゃんが我が家にいらっしゃってから、驚くべき不思議な展開で、色々なことが起こりました。ガネちゃんと私の信頼関係は固く結ばれ、これまで何度もお願い事を叶え、救ってもらってきました。

二〇二〇年以降はコロナ騒動で世の中の全てが停止してしまいました。『保護犬タック命の奇蹟』を書いている時も、何を書いてよいか途方に暮れてしまい、ガネちゃんから叱咤激励されて、一気に書き上げました。

その後、このような時代に何を書いてよいのか分からなくなって、またしても執筆が保留になってしまっていました。

そんな二〇二二年一月のある日、ガネちゃんに頂き物のぼた餅をお供えした瞬間、ガネちゃんが話しかけてきました。

「最近は、何か本を書いちょるんか？」と聞かれたので、

「いや、こんな時代で何を書いてよいのか全く分からなくなってしまい、何も書いていません」と言うと、

「何をしちょるんかぁ！　早う書かんかぁぁ！」

またしても怒られました。

ガネちゃんが大阪から我が家にいらして三年が過ぎて、すっかり山口県民になった

ようで、山口弁が流暢になってきました（笑）。

「でもまだ書いてくださいとも言われていないし、こんな世の中で何を書いたらいいのか分かりません」と言ったら、あきれたようにこちらをチラ見して睨んで意外なことを言いました。

「一〇年前くらいに出した『ツキが降りてくる魔法』という本があったじゃろうが。あの本は、もう古いから今風に書きなおすのじゃあああああああ！書き次第出版されるから、急ピッチで書いておくのやぁ！」

「えええええっ。そんなことありますか？」

と言うと、私を睨んだままです。

「分かりました。今日から書きなおして、頑張って今月中に仕上げます」

「ようし！早く取り掛かるんじゃあ！今回の本は、願いを叶える神様のワシが主役なのじゃ！書くことは上からたくさん降ってきちょるから、あとはワシに任せたらええのや」

ガネちゃんの勝手な押しつけかと思っていたら、次の日に驚くべきことが。

出版社の方から突然電話がかかってきて、その話をしたら、書き次第出版しようと思うから早く原稿を仕上げてください、と言われたのです。

「ええええええっ？」

ガネちゃんの言うとおりになったことに唖然。やっぱり願いを叶えるゾウだ。神様って凄い！　改めて、ガネちゃんの凄さに驚きました。

ガネちゃんが偉そうに、ほら見ろって感じで、チラ見してきました。

「今回は〝強運になるには〟がテーマなのじゃ。運とツキを味方にして、誰もが強運体質に生まれ変われる。願いを叶える神様のワシが主役じゃ。ああ、楽しみ楽しみじゃあ！」

ガネちゃんも気合が入って、やる気満々になってきました。

それから、途中まで書いていた原稿の続きを急ピッチで書くことにしました。書き始めたら、何かしら勝手に上から書きたいことが次々と降ってきて追いつけないほどに。

書くチャンスは今しかない。そう思って、ほとんど寝ないで、取りかかりました。勝手に書いている、というか、書かされている。

神様がゴーストライターだ。書いていることに自分で感激しながら、どんどん書いています。

「さあ！　この本を読んでみんな希望をもって頑張って生きていこうや」って、ガネちゃんから恐ろしいくらいの熱いメッセージが。

ガネちゃんは、人にも動物にも優しい神様。この本を読んでくださっている方々に、運とツキを味方にして、強運体質に生まれ変わってほしい。みんなが少しでも前向きに希望をもって生きられるように、ガネちゃんの言う通りに頑張って書いていきます。

まずは私の体験と、「強運」についてお話ししていきます。

自ら体感した、病気が逃げていくポジティブ思考

　中学校時代に自己免疫疾患の難病を発症し、それからこれまでの人生の大半は入退院の繰り返しでした。炎症性の病気を抑えるために薬漬けの毎日。青春時代なのに、普通に暮らせることはおろか、家にいられるだけでも幸せと思えるくらいでした。

　そのような病気をしながらも、小さい頃から捨て猫や訳ありの犬を拾っては里親を見つけて譲渡していました。

　引き取り手がない場合は自分で飼い、いつもそばには猫と犬がいました。可哀想な境遇の犬や猫たちは自分と重なり、目にしたら放ってはおけませんでした。

　二〇一三年から二〇一五年にかけての三年間は持病の難病も悪化してしまい、重篤な状態が続いて入退院を繰り返し、一年間の半分以上は入院して耐えがたいほどの辛い日々を送ることを余儀なくされます。今思い出しても、その時の闘病生活は本当に

地獄でした。

治療しても次々と押し寄せる病と副作用にずっと苦しめられ、耐えられないくらいの痛みと高熱で打ちのめされて、ステロイドなどの抗炎症剤の点滴攻撃でほとんど寝たきりの状態でした。意識は朦朧として動くこともままならなくなって、もう何も期待することもなく、あきらめの境地で、心はすでに死んでいるも同然でした。


しかし、ある時を境に、不思議と効果が出て奇蹟的な回復を遂げ、二〇一五年八月に退院します。奇蹟的に良くなった理由は、自分の中の意識改革があったからだと断言できます。

最後の入院は、次々と大変なことが起こって、数々の試練が続き、最後の最後まで頭を悩ませることがたくさん起きました。

本当に先が見えなくて、前向きな私でも今回はめげそう……。そこで思い出したのが、一休和尚の遺言の話でした。

「なるようになる。心配するな」

一休さんといえば、とんち話で有名なユーモアあふれる僧侶です。活躍していたのは、今から約五〇〇年以上前の室町時代中期のこと。一休さんの説話の一つに、遺言の話があります。

一休さんは亡くなる時に、一通の封書を寺の弟子たちに渡し、

「この遺言状は、将来、この寺に大きな問題が起こった時に開け。それまでは決して読むな」と言い遺しました。僧侶たちは、その教えを守り、決して遺言状を開くことはありませんでした。

その遺言状が、とうとう開かれることになったのは、死後一〇〇年を経た後の話。すがる思いで開いた遺言状には、こう書かれていました。

「なるようになる。心配するな」

とたんに弟子たち一同、大笑いのうちに落ちつきと勇気と明るさを取戻し、難しい

問題を解決できた、という話です。

緊張しすぎ、不安感や、心配で心の中がいっぱいの状態では、良い答も出てくるはずはなく、行動する勇気も湧いてくるはずがありません。

一休和尚は八八歳という当時としては、けた外れの長生きをしました。さすがの一休も人生の苦しみ、悩みにさいなまれた時期がありました。

けれども、「不思善悪」という考え方、物事の善し悪しに、あまり厳しくこだわり過ぎない、ありのままをありのままに見る、常に気を楽にするということを悟ったようです。

「なるようになる」という楽観的な考え方で気分を楽にすると、必ず同時に元気が湧いてきます。すると、視界が広がって、勇気が湧いてきます。不安や心配、焦りの心の中では決して生まれない知恵や創造力が気分を楽にした時に湧き出て来るのです。

とんでもないことが起こった時は、なるようにしかならないのですね。

そういえば、これまでの次々と襲われた大怪我や大病もとても大変でしたが、どうになるようになってきました。だから今回もきっとなるようになるはずだとそう信じることにしました。

なんとかなる、乗り越えられると自分に言い聞かせて、ようやく嵐は過ぎ去りました。病気の治療の後半戦は、気合を入れて波に乗り、病気に打ち勝って闘い抜いて圧勝したのです。

こうした意識改革がどのようなものであったかは、大きく分けると次のような感じです。

①ポジティブシンキング
②まあいいや、なるようになる、と楽観的に考える
③よく笑う
④人に期待しない、人をあてにしない
⑤治って、やりたいことをやっている自分の姿を想像する

⑥自分は超強運だと思い込む

ポジティブな人は、常にプラス思考でいるため、あまり長期間悩み続けたりしません。そのため、考え方や行動が前向きであるだけでなく、いつも明るい表情で、ニコニコと笑顔でいることが多いのです。あまり考え過ぎずに笑顔でいることで、へんに人や出来事を恐れることはなく、よりポジティブな生活を送ることができます。

絶対に良くなると信じきる

病気になっても、闘う時は闘うこと。気力を強く持って、必ず治ると信じて闘い抜くこと。病気とは自分との闘いです。孤独だけれどそれしかないのです。気力を上げていくことがとても大事だということが、自分の体験を通してもよく分かりました。

昔から「病は気から」という言葉があります。

病気というものは、その人の気の持ち方一つで、悪くなったり、良くなったりするということ。だから気力を強く持って強気にならなくてはなりません。

人の身体の中には、「気」があって、気が弱まってくると、弱い気が流れて病気になる。しかし、心が丈夫で気力があって、強い気がずっと流れている人はいつもパワフルで元気なもの。つまり、いつも心に強い気が流れていればいいのです。

私も医者から何回も、死んでもおかしくないと言われてきましたが、なぜか死なない。「やばい」と思うと、自分の圧、つまり気力を上げて強靭にしていくのです。病気が悪くなって本格的な闘病生活、つまり気力と病気との闘いが始まる。そういった時は強気になって自分の圧を上げていくと、必ず病気に打ち勝っていって生き返るもの。

それを繰り返していると、気づいたら強運体質になっていて怖いものなしになります。やはり、病気は「体力と気力」だと思います。

そして、「自分は強運だから、どんなに悪くても絶対良くなると信じきる」ということ。ここが最も大事かもしれません。

体力と気力がそろって、ようやく追い風にのって病気を猛烈な勢いでやっつける。私は今病気に勝っている、そう常に言い聞かせて。どうにかなる、いやどうにかしてみせる。ずっとそうやって言い聞かせて生きてきて、今生きている自分がいる。

いつも心に希望の光をもって生きよう。

気力を強くすれば、何事もどうにか乗り越えられるはず。人生は悪いことばかりじゃない

悪いことがあれば必ず良いことが待っている。

何事にも最後まで負けず諦めないこと。絶対負けるもんか。強運だから必ずどうにかなると言い聞かせて、気力を上げて闘って闘い抜いて生きていくしかない。

闘い抜いた後には勝利の幸運が待っている。そう信じ切って信じぬいて。

いつかどんな嵐も去っていく。そう信じています。

とてつもない悲しみや苦しみを克服した人にしか強運はない

人は、どのような時に強運を得ることができるのでしょうか。

それは、地獄の底に落ち、病気や事故、裏切りなどの人生のどん底を経験し、それでもどうにかして立ち上がろうと決意した時です。その時こそが、強運を得る機会なのです。

孔子は「強運に成るには徳を身につけねばならない」と説いています。徳というものの概念は非常に分かりにくく、調べても明確な定義があるようでないような感じです。

それは多分、徳とは理屈で理解できることではないからではないでしょうか。

おそらく本当の徳とは、死ぬくらいの苦しい思いをした修羅場を踏んだ者にしか得られないものではないかと思います。

病気や災害、裏切りなど、どんな逆境の理由にせよ、人生どん底に落ちてどうしようもならなくなってしまった。そのくらいの状況でも、自我の殻を破って立ち上がろうと決意した時こそ、徳を身に付けて強運を得る機会なのではないでしょうか。

人として磨かれるためには、壁にぶち当たるという経験が必要となります。壁にぶち当たってこそ、徳を積むことができて、心が磨かれて成長します。

失敗してもいいから乗り越えようとすることが大事であって、たくさんの経験を積み重ねるごとに、人としての輝きが増すのです。

苦しみの中で自我の殻を破れないままで、もっと卑屈になるような人は、不幸ですが苦しみが終わることはないでしょう。

逆境による苦しみ悲しみは与えられた課題であって、乗り越えてクリアしなければ何度も追試になってしまい、一生終わることはないのです。

とことん苦しみ悲しむ。そしてそれに立ち向かうことによって、自我の殻が破れて魂が大きな成長をする。強運を得るとは、つまり解脱（俗世間の束縛・迷い・苦しみから抜け出し、悟りを開くこと「岩波国語辞典」）するということと同じ意味かもしれません。

したがって、強運を得る人とは、人生に与えられた苦しい難解な課題をクリアしていき、ある意味、解脱したくらいのレベルで徳を得た人、ということになります。

強運を得るには、魂の容量の大きさ、つまり、精神レベルの高さが必要なのだと思うのです。とてつもない悲しみや苦しみを克服した人にしか強運はないといえるでしょう。強運体質の人とは、精神レベルが高く、いつも運気も高い状態で維持している人なのです。

強運は人を選び、運は変えることができるのです。


そして、魂のレベルが上に行けば行くほど、試練が次から次に来るもの。あまりに過酷な試練の連続に魂はどんどん磨かれていくことによって、少々の困難が来ても常に冷静沈着で揺るぎもせず、感情的にならないようになってくるのです。

努力しても試練がずっと続いている人というのは、よほど魂のレベルのランクが上の方にいっているというふうに解釈できます。

これだけの試練が来るということは、よほど上級の魂になってきているのだと思ってよいのです。経験の深い人というのは、次々やってくる逆境を試練として受け止めて、冷静な言動ができる人と言ってもいいでしょう。

人は困難や逆境などの様々な経験を通して成長し、自分自身の魂を磨きながら、本当に大切なものを心の目で見ることが重要だと理解していく。これこそが必要なのであり、その経験を通してその中に生まれてきた本物を見極められる心の目に、最も肝心で重要なことが含まれているのだと思います。

そして、成長して磨き抜かれた魂の中に存在する美しい心にこそ、神様からもたらされるたくさんの幸運を受け取る能力があるのです。

臨死体験で人格が一八〇度変わる

人の性格は簡単には変えることはできないとよく言われますが、ある日を境に、その人の人格や人生観が一八〇度変わってしまうことがあります。

例えば、お金にしか興味が無かった人が、急にボランティアに目覚めたとか、冷たかった人が、急に優しい人に変わったとか、罪人みたいな悪人だったのが、突然、仏教や神道やキリスト教などの宗教に帰依したとか、他人のことなど気にもかけなかった自己中心的な人が、ある日を境に動物愛護に目覚めた、といった奇跡的なレベルで人格や人生観が真っ向から変わることがあるのです。

私自身もその中に入りますが、こういった神がかり的なほどに人格が変わった人達を何度か目にしてきました。


そんな人たちには必ず、共通した特徴があります。それは病気や事故などで、死にかけるような経験をした、つまり生死をさまようような臨死体験を持つ人です。

もっと言いますと、一度は死んだことがある人です。例えば、事故に遭って意識不明になったとか、重い病気になり、意識不明になって一度心臓が止まったとか、つまり、一度は死の瞬間を体験した人です。

臨死体験をすると、なぜ人格や人生観が一八〇度変わることがあるのでしょうか。

それは亡くなって、あの世、つまり霊的世界に行くと、神様や守護霊や先祖霊などに会って、色々な助言やアドバイスをもらい、自らの今までの行為を反省するからではないかと思われます。

今度生まれ変わったら絶対こうしよう、そう誓って、目が覚めた。そして、生き返って霊的世界で決意したことを実行していく、といった感じです。

臨死体験の場合、次はこうしたいと反省しながらまた生き返るので、死んでいる間に魂が生まれ変わってから、この世にまた戻る。そういったことで人格や人生観が生まれ変わったように全く変わってしまうのかもしれません。

人は亡くなると、あの世で悔い改め、良い魂に生まれ変わるように誓うことでクリーニングされ、魂がリセットされているのかもしれません。

生まれ変わった良い魂は、あの世でエネルギーがチャージされて、さらにパワーアップしていることもよく見受けられます。いわゆる臨死体験を通して、強運体質になって生まれ変わるということなのです。

例えば、今までは非人道的なことをしていた人が、一度亡くなって、霊界で反省し、良い魂になって生き返ったとしますと、生まれ変わって、世間に恩返しをしなければという使命を感じて、慈善事業など様々な善行を行うような感じです。

生死をさまよう病気や事故も、まだお役目のある人にとっては、人生を変える手続きであり必然の出来事なのです。死にかけることで良い魂に生まれ変わって、この世で人を助ける役割を授かったので、助かることが多いのです。

そういった生死をさまようくらいの体験を持った人は、まったく人格が変わって生まれ変わることによって、使命を果たしていくのです。

豊かになった現代では古代と違い、死と隣り合わせであることを意識することは少ないのですが、それは身近に存在せずあまり意識できていないだけであって、本質的には人間生活において死が隣り合わせというのは今も昔も変わっていないはずなのです。

　いつ、どこで誰の命が失われるかは分かりません。それは神のみぞ知ること。今、自分がこうして生きていられること、それこそが幸運に他なりません。

　臨死体験で人格が一八〇度変わる人については、私も十分当てはまります。これまで何度も死にかけましたが、私が臨死体験を経験したのは、大きく分けて次の五回です。

●一三歳で難病が発症して高熱が続き一時意識不明になった時。
●一九歳の時ネフローゼ症候群で腎機能がほとんど働かないくらいになり、体が浮腫でぱんぱんになって尿毒症になった時。
●大学院の時に交通事故に遭って頭蓋骨骨折で意識不明の重体になった時。
●二〇一〇年に脳梗塞で倒れて、右半身麻痺で意識不明になった時。
●二〇一一年から持病が悪化して、恐ろしいくらいの高熱が続いて体がケロイド状態になって再起不能ともいわれるくらいになった時。

いずれの場合も意識不明の時には、あの世の手前に行って、亡くなった猫に遭遇するなど、臨死体験をしています。その臨死体験の一つ一つの段階で、魂があの世でクリーニングされていったのか煩悩も消えていき、視える能力もリアルになっていきました。

私の人格は徐々に変わって、人間離れしていきました。辛い闘病生活の中、去る者は日々に疎しで誰からも相手にされず、全く人に依存しないことはもちろん、人に何も期待しないようになりました。

何かあったら治療をしてもらうとか、必要最小限の用件しか話さない。優しい言葉をかけてもらおうなどと考えたこともない。どうせ自分でどうにかしないといけないので泣き言は言わない。誰かに助けてほしいとか、余計なことを考えることが一切なくなりました。

病魔を鎮めて、ただただ嵐が治まることだけを願って一人で闘う日々。いつか良くなる日がくると信じて時が過ぎるのを待って、悲しいことも辛いことも自分ですべて解決していきました。

それから現実的に願いが叶い、奇蹟が起こって、不思議と病魔が治まっていったのです。

振り返ってみると、何があっても全く動じない、怖いものなしの強運になった自分がそこにいました。

ある方に、こんなことを聞いたことを思い出しました。

「事故に遭ったり病気になったりしても、死ぬ人と死なない人がいる。それでも死ない人は、病気の後のお役目があると考える。

つまり、きっと病気になったのも、何か意味がある。その後の人生にとって意味がある伏線だと思い、闘病中にも今後を考え色々勉強して、病気になって良かったと思うことをひとつでも前向きに考えることが大事だ。病気はつらいけれど、人生の大きな何らかの気づき、そして転機になるんだよ」と。

リアルに見えてきた、これから自分のすべきこと

よく考えてみると、私はすでに死んだも同然の人間。神は私に、この世で生きていられる代わりに、なんらかの使命でこのようなサイキック能力を授けてくれたのだと思います。

その使命とは、弱い立場の猫や犬の命を救うこと。何度も臨死体験を繰り返す中、いつも私が死にかけるのと同じタイミングで、猫や犬たちが私の身代わりとなって亡くなっていることに気づきました。

私は、体当たりで私の身代わりとなってしまった猫や犬たちに申し訳ないと思うと同時に、これから自分のすべきことがリアルに見えてきたのです。

何度臨死体験をしても、なぜか奇蹟的に生きている。それは、寿命ではなく生かされているということに他ならない。二〇一一年以降、これまでにないほどひどく、生

死をさまよう最悪な状態に陥った時、これまで一緒にいた猫と犬たちが、あの世から助けに駆けつけてくれて、ありえない奇跡が起こり回復することができました。

助けてきたつもりが、一番困った時に助けてくれたのは、これまで可愛がっていた猫と犬だった……。自分が助けていたというのは驕りで、助けられて今も生きている。

私は、彼らに恩返しをしなくてはいけない。生きている限り一匹でも多くの不幸な境遇にある弱い立場の猫や犬たちを救っていこうと決めました。

人によっては、犬猫に没頭するなんてくだらないと思う人もいるかもしれません。でも、私にとっては、これまで共に生きてきた犬も猫も家族同然なのです。価値観は人それぞれで、生きている限りはできる範囲で自力で動物愛護をしていこうと心に誓ったのです。

これまで、ずっと支えて、命がけで助けてくれた犬や猫たちに恩返しをするまでは私は死ねない。人間は社会保障でどうにかしてもらえますが、動物たちは人間がいないとどうにもならないのです。

最後の入院で生死の境をさまよった時、私は人や動物の寿命までが分かるようになっていました。二〇一三年、最後に退院する時、「生きている間にその寿命が分かった時にどうするかは自分の自由だ」と死神は言いました。退院する時に死神が言ったこのことの意味が、現実的に分かる時がきたのです。

これまでわざと目を背けていた犬猫の「保健所」という存在。頭の片隅ではその存在を分かっていたけれど、ずっと心に蓋をしていました。闘病中の私は、生きることに精一杯でそれどころではなかった。その時は、苦しいことや悲しいことを見たくなかったし、頭では分かっていても考えたくなかったのだと思います。

退院後は、まず犬猫を保護してほしいという投稿をＳＮＳで拡散する活動を始めました。退院してすぐに犬や猫の命を少しずつでも救えたという行動は自信に繋がり、充実感でとても幸せな気持ちに満たされていた自分がそこにいました。

でも、退院してしばらくして、どうにか動けるようになってからは、ＳＮＳで拡散

するだけでなく、実際に自分の手で犬猫を救わなくていいのか、と自問自答するようになってきました。

いつまでも何もしない人生のままで終わっていいのか。そう思うと、なんだか許せなくなってきて、完全に自分を見失ってしまうところでした。

改めて自分の価値観ががらりと変わり、これまで経験してきた全ての自己満足が幸せとは思えなくなってしまったことに気付いたのです。これはある意味、さらなる解脱だったように思います。

私は、生きている限り自分の能力を酷使しても、神の意向に沿って一つでも多くの命を救っていこうと誓いました。

苦難を乗り越えて強運になったことで、もの凄い勢いで運を引き寄せて、弱い立場の者を救うことができるはず。今の私にならできるという、不思議な確信がありました。

第2章

夢を現実に変える強運な人の特徴

幸運を呼び込み成功をつかむ人の共通点

幸運を呼び込み成功をつかむ強運の人には、大きな共通点があることが分かってきました。その成功をつかむ人の考え方や言動の在り方の主な特徴についてまとめてみました。

幸運を呼び込み成功をつかむ強運の人の共通点

◆常日頃からの心がけが良く、感謝の気持ちが常にある
◆自分の感情を出さず、いつも笑顔
◆腰が低く挨拶をよくする
◆「ありがとう」と自然と感謝の気持ちが言葉に出る
◆自分自身の直感を信じて行動する
◆他人のせいにせず、すべて自己責任で行動する

◆迅速な行動力と並み並みならぬ努力で幸運をつかみ取る
◆誰にも依存せず、精神的に自立している
◆自分で超強運であることを自覚している
◆ポジティブな思考で否定的な言葉は使わず、言霊が良い
◆素直で謙虚さがあり、人を大切にして他人に対する深い思いやりがある
◆日常的に善行を自然に行って徳を積んでおり、徳の貯蓄がある

この幸運を呼び込み、成功をつかむ強運な人の共通点を大きくまとめて表現するとすれば、「非常に人間力が大きい」ということに尽きるといえます。「人間力の大きさ」は「精神レベルの高さ」に匹敵するといえます。

ただし、人間力の大きさや精神レベルの高さは、社会的地位や年齢、家柄、容姿や性別と全く関係ありません。

非常に大きな人間力を持っている人、それは、人としての器が大きいのです。純粋

で優しい美しい心を持って、パワーがあって波動も高く磨かれた魂を備えているもの。その人間力の大きさは、オーラに包まれて、強く人を惹きつける不思議な魅力を持っています。

また、人を大切にし、他人に対する思いやりと、感謝の気持ちを持ち続けていることが、大きな特徴です。一日で急に人の体質が変わるなんてことはあり得ません。強運になるためには、日々の積み重ねが必須なのです。

人や物に感謝する心を持って、一日一日を大切に過ごしていかないといけません。そうした日々の感謝の積み重ねが、必然的に自分自身の運気を強くしていきます。

その感謝の気持ちがあれば周囲からも良い気をもらうことができるため、さらに強運になるのです。

このように、強運な人には、運気を引き寄せやすくするための考え方や言動の在り方に共通点があります。逆に言えば、それを真似ることで、あなたも強運になれるかもしれないので、このような特徴をしっかり覚えておきましょう。運がいい人たちの共通点を知って、それを真似しましょう。そして、あなたも今日から「運のいい人」への一歩を踏み出しませんか。

強運な人の共通点の大事な項目について、これから詳しく解説していきます。

強運の人は考え方がポジティブ

ポジティブとは、いつも楽観的に物事をとらえ、「どんなことでも必ず良い方向に向かっていくだろう」と思うこと、そんな前向きな性格でいることを意味します。

そのまま翻訳すると「積極的」という言葉になるので、単純に前向きで、あれこれ悩まず、すぐに次の行動に繋げられる人のことを指す場合もあります。

ネガティブは、ポジティブとは対極にある考え方や人の思考状態を指します。具体的には、「どうせ何やってもダメだ。うまくいくはずがない」と考えてしまう性格を意味することが多いといえます。

強運な人の精神は基本的に超ポジティブです。

常に笑顔で何かマイナスなことがあっても、すぐに切り替えて前向きに考える思考が備わっています。また、ポジティブな方ほど性格が楽観的で明るいため、周囲を和ませたりと人脈作りが得意なことも特徴です。

強運な人は、自分の行い次第で運が良くも悪くもなるということをよく理解しています。そのため、ネガティブな思考にならないように、基本的に過去に失敗したことは引きずらないようにしているのが特徴です。

いつまでも過去の失敗を引きずっていては、考え方が後ろ向きで前に進むことができません。だから、同じ間違いを繰り返さないように改善して、前向きに明るく物事を考えるように心がけているのです。

そのようにして自分自身で運気を強くしていくように心がけていくと、さらに強運になるのです。

今すぐ運を上げたいのであれば、少しでもネガティブな発言は絶対いけません。

ネガティブな発言は、言っている本人も聞いている相手も心地よくありません。日頃の出来事でネガティブに感じることは多々ありますが、これを口に出すのではなくポジティブに捉えることが重要です。

言葉通り、ネガティブは良くないことを、ポジティブは良いことを引き寄せるので言葉の使い方にはくれぐれも注意しましょう。

簡単にポジティブになることはできないため、まずは前向きな言葉を言うように努めてください。不安でもなんらかの前向きな言葉を出せば、自然と運気も良くなっていくはずです。そうして少しずつでも前向きに物事を考える癖をつけていきましょう。

人と会話する時はできるだけ肯定的な言葉を使うようにして、愚痴や悪口を言わないようにする、またそういったことを言う人と関わらないようにすること。

優しくて正しい言葉遣いを心がけると良い運が引き寄せられるでしょう。

成功する人は陽の気にあふれている

成功と失敗、その貧富の分かれ目は、陰と陽の思考の違いによって生じます。「ポジティブつまり陽の気のエネルギー」によるものと、「ネガティブつまり陰の気のエネルギー」によるものとに分かれます。

成功して富を築く人の思考は「陽の気」にあり、失敗して貧乏への道を歩む人の思考は「陰の気」にあります。ここでいう思考とは、その人の日常における基本的な心の持ち方、あり方を伴った思考といってよいでしょう。

「陽の気」と「陰の気」の具体的な心の中のイメージを次に挙げます。

●陽の類：楽しい・嬉しい・元気だ・安心だ・好きだ・感謝・落ちつき・愛情・自信・時間はある・思いやり・幸せだ……

●陰の類：楽しくない・無理だ・疲れた・不安だ・悩み・不平・焦り・憎しみ・恐れる・怒り・時間がない・嫌いだ・不幸だ……

これを見て、あなたは日常の自分の心が陰と陽のどちらにあるほうが多いですか？

強運の人は思いっきりポジティブで陽の気のエネルギーが溢れています。

運が良い人は、どんな時も自分を信じることができる人です。その自信とは経験に裏打ちされた自信でもあり、たとえ試練が来ても「自分には良いことが必ずある」と信念を持っていれば幸運を引き寄せることができることを知っているのです。

強運体質な人ほど、適度に楽観的であったり、一つの価値観や考え方にとらわれていないといったこだわらない傾向にあります。

いつも楽観的に物事を考えていると、周りが助けてくれたり、不思議と幸運にも恵まれることが多いです。そんなラッキーな人生が続くために、ポジティブ思考の人はますますポジティブになり、楽しいことに対する視野も広がっていきます。

前向きに考えて生きることは、それだけで人生が幸せになるものだといえるでしょう。

ポジティブで誰にも優しく、自分がしっかりしている人は運を味方にできるのです。このような人は、誰にでも好かれますし、その明るい性格でさらに良い運気を引き寄せることができます。

運が良い人はいつも笑顔を心がけている

運が良い人に共通する「陽の気」の特徴に「笑顔で明るい」があります。温かさを感じさせる視覚要素の中で、最優先すべきなのは「顔の表情」です。そして「温かさ」を生み出す方法として「笑顔」に勝るものはありません。

笑顔は究極の非言語コミュニケーション手段です。言葉が全く通じなくても、相手の笑顔だけは簡単に読み取ることができます。

笑顔は、世界共通の表情であることは確かです。

人の笑顔は表情だけで「幸福」「魅力」「社交性」「親しみやすさ」といったさまざまなプラス要素をもっています。

「笑顔」には「笑顔」を引き寄せる磁石のような力があります。笑顔の人の前では自然に明るくなれるのは、ただ相手が笑っているから。誰でも楽しく明るいほうがいいものです。その楽しそうで明るい雰囲気に、気づけば自然と人の輪ができている……そんな人があなたの周りにもいるのではないでしょうか。

いつでも笑顔を浮かべている優しそうな人は親しみやすく人気者のはず。ポジティブで、一緒にいると楽しくなるので常に周囲に人がいるはず。

実は、私も小さいころから、「ガハハハッ～」と笑う癖があって、なぜかどこにいてもいつも人に囲まれていました。今でもその笑い癖は治らず、そのガハハハッ笑いが、邪気を払っているんだと自分で納得しています。

笑顔は、自分自身にも、周りの人にもさまざまないい影響をもたらすもの。「笑う門には福来る」ということわざがあるように、笑顔は幸せを引き寄せます。

科学的にも、笑顔は、仕事でもプライベートでも様々な大切な場面で必須とされている人心掌握術の一つです。その場を和ませたり、明るい雰囲気を作ったり、コミュニケーション技術では笑顔は絶対に不可欠な要素です。

自分で超強運であることを自覚することから始まる

普通の人は持っていないのに、成功者と呼ばれる人が持っているもの、そのうちのひとつが「強運」で、運は運でも「幸運」ではなく「強運」だと思います。強運の運気はぶれません。強運な人とは、分かりやすく言えばいつもラッキーな人を言います。

強運は、幸運とはまったく違うもの。幸運は、きちんと生きていれば、誰にでも一度や二度は訪れるもの。でも、なにかラッキーなことが起きた人について、「幸運だね」とは言っても、「強運だね」とは言わないでしょう。

なぜならば、強運な人とは、起こることすべてがラッキーな人。幸運に恵まれ続けることが強運になる条件だからです。

つまり、強運体質の人とは、ツキなどに振り回されず、運気をいつも高い状態に保って幸運を引き寄せている人のことを指します。つまり、運がいつも味方してくれる人です。

超強運の人とは、どんな爆弾や雷が落ちたとしても死なないくらいのレベルの人を指します。それは偶然だとか、たまたまだとかそんな甘いものではありません。

そんな、絶対あり得ない超一級の九死に一生を得た人が、「私は運がいい」そう思うことが、その人の強運の始まりだったのです。

強運の第一条件は「絶対に死なない」、いや「死が無い」ということです。

努力すれば、どうにかなるし、何でもできると思っているくらいのレベルの人は大したことないかもしれません。

「恐ろしく凄い人」というのは強運を持っている人です。

特に賭けごとに顕著に現れます。例えば宝くじでもマージャンでも、初めから勝つべき駒がほとんどそろっていたりとか。運もツキも引き寄せて偶然の確率よりもはるかに高い確率で勝つ。運を引き寄せることができる。これこそまさに強運そのものです。

私が知っている強運の人って、たまたまその時の運だけではなく、ずっとツイていて運がいい、何か持っている、という感じです。

たとえ今、とんでもない困難な状況にあっても、すべてがうまくいかなくて八方ふさがりだったとしても、

「私は強運だから、結局は大丈夫」「今はどん底だけど必ず良くなってくる」などと思いなおして気持ちを落ち着かせることで、強運になる扉を開けたということになります。そのポジティブな思考を繰り返して行くことによって、気付いたら強運体質になっていくはずです。

もし、強運の持ち主がいたら「あなたは運がいいですか？」と質問してみたら、「私は運がいい」と自信をもって答える傾向にあります。どこからくる自信なのかは定かではありませんが、強運の持ち主は自分が強運であることを自覚しているものなのです。

「運」というのは生まれつきのものではありません。運は自分次第でいくらでも変えていけるものなのです。それは、「自分は強運である」、「必ず乗り越えられてもっと良くなる」という日々の考え方と言動によって作られていくのです。

今、この文章を読んでくださっているあなたも、自分自身で運を変えていくことができる。その力を必ず持っているはず。まずは、「自分は強運である」と思い込むことが大事。

そう思うことから現実的に、運に恵まれる出来事が起こり始めるのです。最初は小さな幸運から始まり、次第に頻繁に起こるようになって、そして大きな幸運へとつながっていきます。

強運への流れにチェンジするために、自分は強運であると心の中でスイッチを押しましょう。

この文章を読んだ瞬間から、あなたの魂が強運体質になっていく仕組に気づいて、運気が自然と上昇していくようになっています。

ここからあなたの運気は飛躍的に良くなっていきます。

その流れに乗っているからこの本を読んでいるのです。

強運は逆境から生まれる

実は強運の持ち主は、特別な人たちばかりではありません。

これまで、幸せになった成功している方々をたくさん見てきましたが、最初から運に恵まれていたとは限らないという現実を知りました。

家族に恵まれていなかったり、重篤な病気をしていたり、なにかの事故にあって臨死体験のようなことをしていたり、貧しい家庭に育ってお金のことで並々ならぬ苦労をしていたりとか……。

そのように大なり小なり、いわゆる困難な状況にあった人が多いのです。人生の困難にぶつかり、逆境を乗り越えてきた人こそが強運になれる素質があるのだと言っても過言ではないでしょう。

人生がどん底になればなるほど、強運体質になれるチャンスなのです。

こういった成功者が素晴らしいのは、そういった大変な状況の中から、自分で運を変えてきたということ。

心の軌道修正をして、前向きにやり直す癖をつけていくなど、運気を上げる習慣に考え方を変えていくことで、「運」という船の舵を、自分が望む方向に臨機応変に軌道修正してきたのです。

起こることすべてが、ラッキーな強運な人にはとてもなれそうにないと思うかもしれません。

でも、それは自分のとらえ方次第。どんなことが起きても、「起こることすべてが必然だ」と、とらえましょう。ピンチはチャンスだという困難な事態のとらえ方が大事なのです。

強運の人は、どんなにうまくいかないような時でも、「ピンチの時こそ、成功のチャンス」と考えて、なぜか自分が成功するイメージを持っています。

そしてそのイメージが湧いている状態の時は、本当に奇蹟的に幸運を呼び込むケースも多くなり、そのまま成功してしまうもの。そのため、ピンチの時こそ、自分のレベルを上げる機会だという前向きな捉え方を維持することができます。


順風満帆に事業を立ち上げて拡大してきた、いわゆる成功者がいたとします。でも、今回のコロナのような不可抗力の事態が要因で事業が大きく傾いてしまった。そうなったら周囲の人は「不幸ね。なんてアンラッキーなんでしょう」といった冷たい目で見るのが普通でしょう。

客観的に見れば、このような事態は不幸でアンラッキーなのかもしれません。

でも、強運な人はそうではなく、ピンチがきたらむしろチャンスととらえるもの。

「またしてもスタートから始まる、起業したばかりの頃のようなやりがい、喜びをまた感じられる」ととらえたり。もしくは、「これを機に心機一転もっと良い方向に変えていこうか」などとポジティブにとらえるはずです。

そのように、自分に起こることすべてを教訓にしたり、前向きにとらえられるくらい器の大きい人こそが、強運な人、すなわち一流の成功者になれるのではないでしょうか。世間から一流と呼ばれる成功者たちにも、何度も失敗があったはず。ピンチはチャンスでこれまでずっとチャレンジを重ねて、その度ごと前向きにとらえて、倒れても立ち上がってきた。

むしろ人一倍の失敗を経験して今の立場を築いたはずです。そこまでのどん底に落ち込んだ失敗をどうとらえるのか。他人がどう思うかではなく、自分でどう考え、どう動くかというところに、強運な人になるための鍵があるように思います。

意味ある偶然の一致「シンクロニシティ」が起きた時

シンクロニシティという言葉を聞いたことがあるでしょうか？　一般的には「シン

クロする」という言い方をしますね。

シンクロニシティとは意味ある偶然の一致のことで、心理学者のカール・ユングが作り出した言葉で、「共時性原理」とも呼ばれています。

共時性とは、意味はあっても因果的には説明することのできない二つの出来事が同時に起こる現象をいいます。

偶然だと片付けるにしては高い確率で起こるため、これを心理学者のユングは「意味ある偶然（シンクロニシティ）」だと定義しました。シンクロニシティが起きたということは、何か意味があるということであり、どのような目的があって起きたのか考えることが重要だとされています。

シンクロニシティを辞書で調べると「虫の知らせのような、意味のある偶然の一致。心理学者ユングが提唱した概念。共時性、同時性、同時発生（出典：デジタル大辞泉・小学館）」と出てきます。コップなどの食器が割れた一方で、大事な人が事故にあうなどの、日本でいう「虫の知らせ」というような予兆についてもシンクロニシティの一つといわれています。

この定義だと少し分かりにくいと思いますが、シンクロニシティは誰にでも起こり得る現象で、簡単にいうと「自分が思っていることが、たまたま何らかの形で現実になること」です。

頭の中で考えていたことが実際に起きたり、思っていたことや考えていたことが相手と一致することなど、不思議に感じるような一致のことを指しています。

テレパシーと呼ばれている、自分の伝えたい気持ちが相手に伝わることなどもシンクロニシティといえます。

シンクロニシティの意味は、全く関係のない「心と物」が偶然、共振（シンクロ）することです。簡単に言えば、あなたの内の世界と外の世界が偶然に一致することをいいます。

身近な例を言いますと、「ずっと気になっていた相手から、急に電話がかかってきた」、「前から食べたいと思っていたケーキが、プレゼントで届いた」、「ちょっと遠回りして帰宅していたら、会いたかった友人とバッタリ出会った」という具合に、など、自分の心の中（内の世界）のことが現実（外の世界）に起こることを言います。

偶然の発信源は、その人自身です。シンクロは自分にとって知りたかった情報が入って来たり道しるべになったり、欲しいものがやってきたりするなど、びっくりするようなことが起こります。

シンクロニシティは偶然起こるものなので、意図的に起こすことはできません。ただし、内の世界で考えたことがエネルギーとなって、外の世界と一致することはあります。

例えば、マンションの隣人が嫌いなので「引っ越せばいいのに！」と思っていたら（内の世界）、本当にどこか引っ越していなくなった（外の世界）のような話を聞いたことはありませんか。これも、内の世界と外の世界が一致したと言えます。

また例えば、「すてきな異性と出会いたいと思っていたところ、紹介でたまたま出会った人と趣味が同じで意気投合し、その人を起点に芋づる式に出会いが広がって、ついに結婚相手と出会うことになった。しかも結婚相手も、同じようなタイミングで彼女が欲しいと思っていた」など、理屈では因果関係を説明できないようなグッドタイミングな出来事が起こったりします。

意味があって、必然的に引き寄せられたメッセージ

内の世界から発信されたものに対して、外の世界で受信するものが存在することで、シンクロニシティが起こります。

例えば、同じことが二度重なった場合、それをシンクロニシティと言われても「ただの偶然だ」と思うかもしれませんね。

では、それが三度重なったとしたら？　それでもただの偶然だと思うでしょうか。

二度では強く感じることがなかったシンクロニシティも、三度になると分かりやすく納得できますね。偶然に起こったことは、単なる偶然ではありません。偶然は必然なのです。

そこには意味があり、必然的に引き寄せられたメッセージだと考えないといけません。どんなメッセージが込められた出来事なのか、それは本人にしか知ることはできません。

なぜならそれは、その人の内から発信されて起こった出来事だからです。

最近、〝考えていたこと〟〝望んでいたこと〟〝悩んでいたこと〟を考えてください。そこにメッセージのヒントがあるはずです。

例えて言うなら、オーダーした物体が（発信した内の世界）、自分に届けられる（受信した外の世界）ということです。

「発信する↓現実的に起こる」というのがシンクロニシティです。それは偶然ではありませんね。偶然は必然なのです。

私自身、シンクロニシティの不思議な体験があります。

以前、入退院を繰り返していた頃に、猫雑貨専門店で見つけた三つの猫のぬいぐるみがありました。リアルなぬいぐるみで高価なものでしたが、どうしても欲しいなと思ったまま、またしても体調を崩して長期入院してしまいました。

入院中はそんなことをすっかり忘れていましたが、それからしばらくして、その一つの猫のぬいぐるみは、友達がそこの猫雑貨店でお見舞いにプレゼントとして買って持ってきてくれました。

その猫のぬいぐるみをお店で見た時に、私が絶対に欲しがると思った、と言いました。彼女には、その猫のぬいぐるみが欲しいなんて一言も言ったことはありません。もちろん欲しいなと思っただけで、誰にも言ってなかったのに。

不思議なことはさらに続きます。あと二つの猫のぬいぐるみも、違う人がネットで注文してお見舞いにそれぞれ届いたのです。これには驚きました。なんと入院中にその欲しかった猫のぬいぐるみが、三つとも、全部揃いました。

つまり私が心の中でオーダーしたから、私自身に届けられたのです。ただそれだけのことなのです。

シンクロニシティは意味のある偶然。そのメッセージは?

つまり、オーダーする際に「何が欲しいのか分からない」「決められない」「何もいらない」と思えば、何かが届けられることはなかったでしょう。

猫のぬいぐるみの例でお話しすると、シンクロニシティではそれをオーダーしたことによって、猫のぬいぐるみと、それ以上の「これで早く病気が治って退院できますように」といった幸福のメッセージが一緒に届けられたということになります。


このようにシンクロニシティは意味のある偶然です。必ずそこに、それ以上の意味があるのです。


ですから偶然何かが起こったら、そのメッセージを考えてみましょう。

とても苦しく辛い時、どんなに悲しんでも、ジッと耐えても、悩んでも、何かが起こることはありません。こんな気持ちからは抜け出したい、元気で楽しく普通に過ごせる毎日が送りたい、そう望めばその思考は発信されます。

そして外の世界で偶然、いや必然で苦しみから抜け出すことができる出来事が起こるのです。現実的に私は、三つの猫のぬいぐるみをプレゼントしてもらってから入院していません。

メッセージは、言わば「返信」です。ジッと耐えて悩むより、前向きな考えを持ちましょう。そうすることで、必ず意味のある偶然は起こるのです。

反対に、良くないことが起こった時に、ネガティブな思考でいっぱいになってしまうと、人生はとことん不幸な方向へと進んでいきやすくなります。だから、良くない出来事に対して、ネガティブな思考を手放せば、人生は幸福に向かって進んでいくか、悪くても現状維持を保つことができるのです。

また、何かを強く望み過ぎることで、マイナスの出来事が偶然起こります。「お金がほしい」と強く望み過ぎると、賭け事で損をしたりとか、詐欺に騙されたりとか変な出費が続いたり、大きな出費をすることが偶然起こるようなことがありうるのです。

大切なのは強く望むことではなく、〝考える〟習慣ではないでしょうか。

マイナスの出来事が起こったら、「そこにはどんな意味、メッセージがあるのか」をよく考えてみましょう。

良い思いも悪い思いも、人の思いは常に自分に、そして誰かに届いています。その思いは良しも悪しも受信されて、それが出来事となって表れてくるのです。だからネガティブな悪い思いは排除しなければなりません。いつもポジティブな想念でいると、どこかで必ず良いことが起こるはずです。

心理学ではなく、スピリチュアルなど精神世界の分野では、シンクロニシティが起きた時は、引き寄せも起こりやすいといわれています。

ツキが巡って運が良くなってくると、シンクロの意味のある偶然の一致が頻繁に起きるようになります。ツキが良くなってくると、とくにシンクロが多く起こってきて、頻度が違ってきます。

シンクロというものは、宇宙や偉大な神の存在から、本人目がけてやってくるようなメッセージ、宇宙からのプレゼントのような感じと捉えると分かりやすいかもしれません。宇宙や偉大な神が、シンクロという意味のある偶然の一致を起こして、その人を良い方へと導いてくれているのではないでしょうか。

シンクロを数多く体験するようになると、目には見えないけれど、自分の力だけでは想像もつかないような偉大な何かを自然に感じるようになるでしょう。

ただし、シンクロがたくさん起こって気付くようになるためには、その偉大なメッセージを受け取ることができる、本人の波動を高める必要があるのは、いうまでもありません。

シンクロは起こるというよりも、〝気付く〟ことに意味があるのです。今までは気付かなかっただけで、シンクロは実際には起きていたかもしれません。本人が、気が付くかどうかの意識の違いだけなのです。これがシンクロだ、と意識すると、意味のある偶然の一致というものは、さらに起こっている可能性があります。

人生に転機が訪れている時は、シンクロニシティが起こりやすいといわれています。自分の今後の方向性などをよく考えるようになるので、偶然起こったことにも意味を見いだそうとするのです。

また、普段よりも周りに関する感度が高くなるので、シンクロニシティが起こっていることに気付きやすくもなります。

強運になるためには、ずば抜けた努力と行動力が必要

強運の持ち主の特徴の一つに「行動力がある」ということがあります。また、努力家の人も運を引き寄せます。行動しないと運はつかめません。行動するというのは口では簡単に言えますが、実際に動く人は実に少ないのです。

運が良い人は行動力があるもので、人が躊躇することも果敢に挑戦する力を持っています。積極的に行動するというのも、強運体質になる方法です。

行動すると時には失敗することもありますが、そのずば抜けた行動力を活かして、結果としてチャンスをつかみ、成功するのです。

さらに強運な人の特徴は「すぐに行動を起こしている」こと。

迅速な判断とその後の行動もフットワークが軽いこと、これが強運な人の特徴です。

強運な人は、扉が開かない時は、壊してこじ開けたなんてことも十分あり得ます。

運命の扉をこじ開けると聞くと、「それって運ではないんじゃないの？」と思われるかもしれませんが、それは違います。壊してこじ開けたからこそ、運命の扉は開いて、新しい道ができたのです。そして、そのことによって、さらなる素晴らしい運が舞い込んでくるのです。

また強運な人の特徴は、「行動」に加え、「継続」していること。

さらに、行動を続けるには何と言っても努力が必要です。継続は力なり、とも言いますが、行動しそれを続けるには相当な精神力が必要となります。

何かに成功するのは、その裏の行動量と努力量が半端ではないのです。

これも傍から見ると、何もしていないのに運が良いから成功したんだと思われるかもしれません。何気なく成功をつかんだように見える人でも、実は見えないところでの血のにじむような行動と努力を必ずしているもの。

ですから、まずは行動し、それを継続する努力をしていくということです。

雨が降らない砂漠地帯で、一〇〇%の確率で雨を降らす雨乞いの儀式、というのがあるそうです。なぜ一〇〇%なのでしょうか?

それは不思議なことは何もなくて、雨が降るまでその雨乞いをし続けるからです。

運もそれに似ています。ずっと動き続けられる人は強運な人なのです。

もちろん、常に前向きで動き続けていると、転がりこんでくる幸運なラッキーもたくさんあることでしょう。実際に「引き寄せの法則」と言われているものの基本はそれです。

そこに「行動」と「継続」が加わった時こそが、強運な人と言えるのです。それくらい、迅速に動いて、動き続けるということは難しいことなのです。

まっしぐらな本気度が夢を叶える

運勢を、よく〝天気のようなもの〟とか、〝エネルギーの流れ〟などとバイオリズムのグラフのように表現することがありますね。今は、運気が悪い時だから、運勢が悪いから止めようなど、よく聞く表現です。

ところがこれに、ものすごい勢いで逆らってしまう人がいます。それが、本気の人、いわゆる強運な人です。

とてつもなく本気になった人を止めるのは難しいことです。がむしゃらであっても、目標を持って本気で全速力で走りぬける。それが必ず叶うと確信しながらひたすら走り抜ける。

その行動力と努力は桁違いの超一級の台風並みの勢い。傍から見るとどんなに無理そうだとしても、できると確信して恐ろしいくらいの勢いで走り始めた時点で、すでにほとんど願いが叶い始めています。運命の女神も微笑んで見守っているかのように。

次々と願望を実現していく人には、根本的な思考や行動に特徴があることに気付かされます。次々と夢を叶えていく人の根本的な姿勢で一番大事なことは、〝本気である〟ということに尽きます。

本気の人は、自分で目標を決めたら、絶対に夢を叶えるため、それに向かって恐ろしいぐらいの努力を平気でしていきます。人が何を言おうが、全くお構いなしで、他人に振り回されることはありません。自分を信じて、まっしぐらに進んでいきます。

全力を尽くして、とにかくやってのける、ということなのです。決して誰も止めることはできません。途中で色々な困難や逆境に合ったとしても、ものすごい勢いで乗り切ってしまいます。

夢への道の途中に、大きな壁が立ちふさがっていたとしても、その壁をぶち破り自分の道を作って前進していきます。

〝本気の人〟は、私がこれまでしてきた受験や資格試験の指導を通してもよく見られました。

「絶対受かる！」

と心に決めた人は、はじめは箸にも棒にもかからない学力でも、恐ろしいくらいの努力を続けていって、猛烈な勢いで最後には必ず〝合格〟をつかみ取ります。

人に「そんなの受かりっこないよ」などと言われても何のその。困難な状況にもめげず、倒れてもまた立ち上がって、努力をし続けていきます。

一度では成し遂げられないにしても、最後には必ず〝合格〟をつかみ取るのです。

本気で夢を叶えていく人の共通点としては、その願望達成の過程で人の何倍も上廻る努力をし続けてきたということです。夢を叶えるまであきらめることなく、自分を信じて本気で努力し続けてきたことに尽きるでしょう。

本気で夢を叶えようとしている人は、その猛烈な勢いで、ツキを呼び寄せて確実に運を運んで持っていきます。

「運というものは、自ら動かないと巡ってこない」という性質を持ち合わせていると思います。運は、自分が動く方向・速さ・スケールに連動していると言ってもいいでしょう。

結局、〝当たって砕けろ〟ということに尽きるでしょう。結果は、その人が本気であればあるほど、明確な形となって、必ず後からついてくるものなのです。

優れた直感力は過去の失敗や成功の体験から生まれる

どの分野でも成功者と呼ばれる人たちは、優れた直感力を持つといわれています。直感力とは、頭でものごとをあれこれ考える力ではなく、感覚的にパッと思いついたり、機転を利かすことができる力のことです。その時の状態や目的に沿って、自分が持つ経験や情報をすばやく引き出すことで発揮される力のことをいいます。

直感力の強い人の放つオーラは強く、邪気のない透明な美しさと、揺るぎない意志の強さを持っています。

何事にもチャレンジしていって、失敗を恐れずに突き進む人は、これまでにたくさんの経験を積んでいるもの。こうした人一倍経験がある人は、自然と直感力も備わるようになってきます。

様々な経験をしたからこそ、体や頭で記憶していることも多く、似たようなシチュエーションになると、その記憶がよみがえってくるのです。

成功を基にした経験だけではなく、失敗や後悔、反省から学んでこそ慎重になった経験もたくさん持っている人です。それだけ苦労してきた過去があり、人よりも努力した過去があるはず。

いつも決めるのが早いとか迷うことなく迅速に決める人がいたら、それは過去の経験による直感力があるからかもしれません。そしてまた、その時の考えや行動がその人を鍛えることとなり、いつまでも成長し続けるのです。

このように、強運の人は、自分だけの判断基準を持っています。自分の判断を信頼し、自分軸をしっかりと持っているため、周囲の意見に流されることがありません。

試練を前に強運の人は自分軸を失うことがありません。

自分を信じて逆境にも粘り強く耐えることができるため、思いがけないチャンスを引き寄せるようになるのです。

第３章

ツキが巡って強運になるための実践的な方法

宿命は変えられないが運命は自分の意識で変えられる

「運命」と「宿命」という対比される言葉がありますが、「運命」と「宿命」とは、どこが違うのでしょうか？

「宿命」とは、人間がこの世に生まれてくる時にすでに与えられた生存範囲を意味しています。例えば、誕生日・性別・国籍・出身地・家族構成など、天より初めから与えられた枠のようなもので、本人の力では変えることのできないものです。

つまり、「宿命」とは変えることのできない、すでに持って生まれた先天的なものを指しており、動かない〝静〟であります。

「運命」とは、持って生まれた宿命に伴う身体的特徴（頭が良い悪い、美男美女、健康かどうかという体質）や、家庭、地域環境の状況（自然、経済の豊かな所に生まれた）などを元に派生する幸不幸を指します。

「運命」については、「これは運命だから仕方がない」などと、その人の意思や努力では、どうにもならない巡り合わせといった表現がよく見受けられます。

良いことも悪いことも外から来る受動的なものと考えて、諦めている方が、とても多いように思われます。

運命とは、自分が持っている状況（宿命）をもとに、この世に生まれてから生きている間に、自らが作りあげていく後天的なもので、与えられた宿命を背負いながら自分の意識で変えていくことのできるものです。

これから生きていく過程において、どんな宿命であっても自らの意志と努力で、運命は変えていくことができるのです。

「運命」とは常に変化して動いているもの、〝動〟の生存行程なのですから、それぞれの人が選択していく権利を持っています。

自分がどこで何をやって生きていくのか、学校や職業、住まいや自分の居場所や環境、友達や恋人や結婚相手など、すべて本人が選ぶことができるものです。

つまり、運命はある目的を決めたら、努力とそれに伴った行動によって、いかようにも変えることができるということを頭においてください。

日々の生活の中で、自己責任において、自分で決めて切り開いて創っていくものです。

これまでの運命は、自らの思考や行動を元にして作られたものですから、これからの運命も本人の意識で良い方向に創り上げて変えていくことができるのはいうまでもありません。

結局、未来というものは、良いも悪いも自分が創り出していくものなのです。

「運」と「ツキ」とはどう違うのか

運とは何か。ツキとは何か。全く興味のない人もいますが、世の中の人々にはツキも運も、似たようなものと思っている人が意外に多い気がします。

これが「ツキ」でこれが「運」ですよ、とは誰も教えてくれないので、間違われるのも無理はありませんが、この二つはまったく本質が異なっているのです。

「運」とは、人の身の上に巡りくる幸・不幸を支配する、人間の意識を超越した働き。「運が良い悪い」「運が向いてくる」「運が上がる」など、そういった時の運とは自分という存在の全般（特に病気やけがなど生命に基づくもの、持っている財産や社会的地位など）を指して言われることが多いですね。

ところがツキとなると、その時その場の幸運である一時的なラッキーを指して言います。従って、「運はあるけどツキがない」とは、例えると、全般的にみれば非常に恵まれた運命の下に置かれており、天の祝福をいっぱい受けているのだが、これといってパッとしたことがない、つまりそれを十分生かし切れないといった感じです。

ツキについて、私はこのように考えます。ツキとは、人を選ばず誰にでも訪れる一時的な波のようなもの。ツキをつかんだ時には「ツイている」といった言い方をします。

ツキというのは、チャンスをつかむ能力ではないかと思います。思いがけないツキであるラッキーが訪れて、それを活かした時「ツイていた」という言葉を使いますね。

成功した人は「ツキ」という言葉をどういった形でとらえているのでしょう？

その言葉の「運」との違いはこんな感じで表現できると私は解釈しています。

●ツキとは、誰にでも訪れるラッキーが突然やってきた高波のようなものである。
（波が高いほどツキによってもたらされるラッキー度が高い）
●ツキの波をつかまえた人のみが一時的に成功する。

分かりやすく言えば、ツキの波をつかまえてキャッチした人しか成功できない。

ツキの波が見えない人は、ツキをつかめないので、成功するわけがない。

「ツキも運もそんなものが存在するはずがない。ただの迷信だ」と真っ向からツキの存在を否定する人、すべての出来事を受け身に捉える人は論外です。

なぜなら、ツキや運などのような目に見えないものを信じない人は絶対に成功できないからです。それはツキというものを利用していないからに尽きます。

ツキはとっても大事なもの。ツイてるとツイてないでは運命が真っ向から変わってきます。ツキというものは成功するには不可欠な重要な概念なのです。


また、一般的に「ツキ」というものは、一過性のものなので長続きしない特徴があります。

薬に例えると「運」は持続して地味に穏やかに効くようなサプリメントや漢方薬みたいな感じ。「ツキ」は鋭く瞬時に一時的にしか作用しない頓服薬といった感じとイメージしてください。

「ツキ」に恵まれてツイている状況が続きますと、ほんの短い間に信じられないようなラッキーが何度も起こります。

運気の流れに乗ってツキをつかもう

世の中には、運気の流れに乗って、ツキに恵まれて次々と願望を実現していく、幸運な人がいます。反対に、人一倍努力しているのに、うまくいかない「ツイていない人」もいます。

運とツキに恵まれている人といない人との根本的な違いは、ツキというものの存在を知っているかどうか。目に見えないけれど、またその運気の流れにいかにうまく乗っていけるかどうかということだと思います。

運気の流れの中で、ツキという存在自体を知らないで、また理解しようとすることもなく、なるようにしかならないという考え方では、一生、ツキを味方につけることはできません。

ツキとは、その在り方を理解することによって自らが引き寄せて、つかむものです。

現在の状況を把握しながら、運気の波に乗って、ラッキーなツキを呼び込んで、ツキが来たらサッとつかみ取るのです。

そういった意味では、直感が大事なので本人にしかツキを呼び込むことができないといっても過言ではありません。

ツキというのは、運気を上昇させて、人生を好転させることができる成功のためには、非常に重要なものです。

したがって、ツキの存在を知っておくとおかないとでは、これからの人生が全く違ったものになっていくでしょう。

運気の流れに乗るといいましても、一体どのようなものなのか把握しにくいと思いますので、ツキの流れについて説明していきましょう。

運気の流れの存在は、風向きのような感じ、もしくは川や海の波の流れの方向に例えれば分かりやすいかと思います。

運気の流れには、数学のベクトル⇒のように、向きと大きさがあると理解してください。川や波の流れも風の強さにも、向きと大きさがあるのと同じような感じです。

運気の流れを風に例えると、大まかに強い南風や弱い東風などがあります。日本は、偏西風という大きな風の流れの中にいます。

その大きな流れを見ますと、冬の北西季節風のような、四季によって決まったパターンがあり、ある程度は予測できるものです。

しかし、お天気は変動するものですから、その時の気象条件で、風向や風速もまた全然違ったものとなってしまいます。台風がやってきたりすると、全く状況が変わってしまいますが、それもある程度は予想できますので、そのために天気予報で、気象条件を把握して備えるというわけです。

しかし、運気の流れに例えた気象状況の中にも、突然やって来て予想もできないものが、瞬時に起こる竜巻やダウンバーストのような突風です。

竜巻は、大気が不安定などの指標で起こる可能性が高いくらいしか予想できません。いつどこでどんな竜巻が起こる、というのは、現代の科学ではまだはっきりとは分からないようです。竜巻にも色々なスケールがあって、全てを吹き飛ばすくらいの猛烈なものから、軽いつむじ風程度のものもあります。

次々に願いを叶える人はどんな時も現状を把握している

さらに、運気を川の流れにたとえて、船に乗ってその流れにしたがって、願望達成への目的地まで行きたいとします。

基本的に流れの向きは同じでも、川によっては急流もあり、流れのほとんどない川もあります。大雨が降ると、日頃ほとんど流れのない川も水位が増して流れも速くなります。反対に、雨がずっと降らないで水量が減ってきますと、流れが遅くなり、最悪の場合、干上がって流れも何もなくなってしまいます。これらは、大体の予想がつくことです。

運気の流れを、川の流れで例えたのは、ずっとその状況を見ていると、経験的にある程度の予想がつくということを伝えたいからです。これは、どんなことにも言えます。

現状の動きに全く関心がなく、対処することもなくあるがままだとすれば、与えられた運命を良いも悪いもそのまま受け入れる、ただそれだけということになってしまいます。

運気の流れに上手く乗って、次々と願いを叶えていく人というのは、必ず現状を把握して、これまでと先の動きをじっくり見据えています。いつも五感を張り巡らせ、ツキの流れの向きと大きさを常に把握しています。

自分の経験を踏まえて、状況の良いベストタイミングがやってきた時に、その運気の流れに必ず乗っていくのです。

運気が高い時には、その流れの速度も増して、願望達成への目的地の到達が早くなってきます。

追い風や川の急流の大きな流れの勢いをうまく利用して進んでいくという感じが分かりやすいかもしれません。ベストタイミングの時の押し出すような運気の強い力を利用して、流れに乗っていくのです。そして、普通では考えられない、びっくりするような夢を難なく叶えて現実にしていくのです。

しかし目的地に向かっているのなら良いのですが、途中で全く違う流れにシフトして行き、目的地とは別の方向に向かっている場合もあります。

そうしますと、いくら目的に向かって努力しても、違う方向に引き戻されてしまいます。もしくは、その船は乗り上げて中断してしまう最悪な事態になりうるのです。

こういった目的地に行けないような、逆流する流れに乗っている人を、悪い運気の流れに乗った運の悪い人と言います。

それでも強運の人の場合は、急流であろうが停滞していようが別格でブレることがないのです。流れが変わっても、変な方向に行っても、止まったり、乗り上げたとしても、運もツキも引き寄せて助け船が出たり、自分で道を作って舵を取りながら、どうにかして行きたいところに船を操縦して動いていくような感じで願望を達成するのです。

一方、ツキというものですが、これは運気の流れのように長い時間に渡ってという持続的で流動的なものとは異なって、まるでスポットライトが当たるように、ピンポイントで短時間に強い影響を与える感じです。

ツキとは、突然何らかの幸運に恵まれて、ラッキーな状況になることを指します。例えば、ツイている状況を先ほどの川の流れに例えると、濁流に飲み込まれて、船が転覆したとしても、通りかかった大きな船に助けてもらって、むしろ早く目的地に着いた、というような想像できないくらいのラッキーになるというような感じです。それはたまたまだったのかもしれませんが、ＳＯＳを発信するとさらに助け船のツキをつかみやすくなるのは言うまでもないでしょう。

運に選ばれる人になろう

「勝負の綾」という言葉があります。それは勝敗を決する微妙な作戦やかけひきなど、もしくは微妙な勝負の分かれ目だったり、実力や戦術では推し測れない勝負の流れが変わるポイントを意味するそうです。

勝負の綾とか幸運の女神という存在は、一度そっぽを向かれたら、なかなか振り向いてくれないもの。

例えば、スポーツの試合や競艇や麻雀などの賭け事にも明らかに「流れ」がありますね。

いい流れを感じ取ってその流れに乗る。これもまた、運に恵まれるうえでは欠かせない方法のひとつ。状況を正しくとらえ、それに沿った正しい行動を正確なタイミングでつかむ。

遊び心を持ちながらも自分をどこかで律する。日々のそうした積み重ねがあるかないかによって、運に好かれるかどうかも変わってくるのです。

運は必然の流れによってもたらされるものであり、しかるべき行動ができている人を運の側が「選ぶ」のだと思います。運は、人が呼んでやって来るようなものでは一切なく、あくまで運のほうが人を選ぶのです。

「運に選ばれる人」になること。これこそが最も重要なのだといえます。

運は受け身でとらえている限り、そう簡単にやって来るものではない。他力本願な生き方でモノにできるほど、運もツキも都合よくはできていない。

「運よ、来い」「ツキよ、来い」と努力もせずにただ求め、願うような姿勢では運と巡り合うことができるはずもないのは当たり前のことです。

運を呼び込む行為も大切ですが、そのつかんだ運を逃さないよう、流れが良くなったと感じた瞬間、行動に出てスピードを一気に上げていきましょう。

運をつかまえるためには、流れに乗って加速することが大切です。そして、その流れに乗って、ツキが来るチャンスを待ち構えておくのです。

ツキが来たとしたら、その時にチャンスをつかみ取ることがとても大事です。

「幸運の女神には、前髪しかない。Seize the fortune by the forelock.」というレオナルド・ダ・ヴィンチの言葉があります。

幸運の女神には前髪しかないので、向かってくる時につかまなければならない。通り過ぎてから慌ててつかまえようとしても、後ろ髪がないのでつかむことができない。そんな教訓が込められた諺ですが、確かにそうですよね。

チャンスをつかむのを躊躇した後、「あの時、やっておけば良かったなあ」とか後悔することってたくさんあると思います。

チャンスはやって来たその時につかまなくてはいけない。人生、チャンスはつかんだもの勝ちなのです。

ツキのあるなしは本人の責任

この本には、ツキを呼び込んで、運気を上げていき、夢を叶えていくヒントがたくさん詰まっています。ツキの在り方を、自分なりに解釈して理解してみましょう。それが運気上昇のきっかけとなって、思いがけず運命の輪が好転していく可能性は十分考えられます。そして、自分自身が変化することによって、これまで想像もしなかったような幸運がやってくるかもしれません。

私自身の体験で言いますと、二〇代の頃はまだ人生経験が浅くてツキの意味がよく分かりませんでしたが、三〇代の頃は色々な経験を通してそれがなんとなく分かるようになり、ツイていたことで人生をどうにか生き抜いて、ツキのもたらす効果を確かなものと実感するようになりました。

さらに四〇代になると、ステージが上がって、さらなるツキを呼び込もうと必死になって努力して行動していました。五〇代の今は、人生はツキを呼び込まないと何事も始まらないと思うくらいまでになりました。

いかにツキのある人生を送れるか、これだけを考えて日々、生きているような気がします。

ツキの維持、そして管理をできるかどうかは、すべて自分次第です。

ツキのある・なしも本人の責任です。とにかくツキを大事にしないといけません。

ポジティブな良い言葉を選んで使うと運気が上がる

「言霊《ことだま》」とは、読んで字のごとく、「言葉に宿る霊＝魂」のことです。言葉に宿る力、言葉そのものに宿るエネルギーのことで、発した言葉どおりのことが起きるということを言います。

人には魂が宿り心がそれぞれの人に在るように、言葉にも同じように生きたエネルギーが宿っているという考え方ですが、この言霊は、本当に馬鹿にできないものです。

どんな言葉を使うかによって、その運気や幸せが左右されると言われており、日々生きていく上で、とても重要な要素なのです。だとしたら、良い言葉をどんどん唱えればいいわけですね。

ポジティブな言葉を口に出すだけで前向きな気持ちになり、目標や願望を言葉にすることで、自分が向かう未来をイメージできるようになります。言葉は口に出すと、「言霊」と言われるように命を持って、勝手に動き出すもの。

というわけで、その潜在意識に取り込まれたポジティブな言葉は動き出し、良いことが現実的に起こってくるようになります。

また、感謝の気持ちを伝える言葉、自分を信じる言葉、周りの人も自分も嬉しくなるような言葉を繰り返し口にする習慣を持つことで、何事に対しても前向きになれるのです。

これが、口に出した言葉に現実が近づいていくという計り知れない言葉のパワーなのです。

また、様々な感情がありますが、中でもポジティブな感情は「感謝の気持ち」です。今すぐ運を上げたい方に真っ先におすすめする方法が、感謝する気持ちを口にして「ありがとう」と伝えるように努めるということです。

見方を少し変えるだけで、当たり前に過ごす日常には多くの人が関わり、今の自分があることが分かります。今、生きていること、助けてもらっていること、支えてもらっていること、全てお世話になっている人たちに感謝して、その気持ちを「ありがとう」と感謝の言葉として口に出し、伝えていきましょう。

他人に対して「ありがとう」と感謝の言葉を口にすることで、相手にもポジティブな感情を分けることができます。また、日常の些細なことにも感謝する気持ちや喜びを感じることは、運を引き寄せるためにもとても大切です。

ポジティブな感情を持っている人にこそ運気は引き寄せられていくので、日頃から「ありがとう」と感謝の言葉を口にすることを心がけるべきです。

「ありがとう」の言葉には、もともと「有り難い（ありがたい）＝ここにあることが難しい」という由来があるそうです。

自分に関わってくれた人に感謝の気持ちを持って、「ありがとう」と思いを言葉にして伝えましょう。「ありがとう」を言われて嫌な気持ちになる人は絶対にいないでしょうし、自分が言われてもとても嬉しくなる言葉です。

自分が伝えた「ありがとう」の言葉は自分の耳からも入ってきますので、その良い言霊で自身の運気も上がってツキも舞い降りてくるはず。一石二鳥なのです。


周りの人に感謝の気持ちを持ち、「ありがとう」と口に出して行動すればするほど、運気が良くなっていくことは間違いありません。日常の些細なことにも「ありがとう」と感謝の言葉を口にすることは、小さいことながら、人間関係を潤滑に良くする上でも、とてつもない効果をもたらしてくれるんですよ。

助けてくれたり協力してくれたりした人も、嬉しくなって気分が良くなることはもちろん、感謝を口にした方もとても気持ちいいものです。

「ありがとう」は最高級の影響力をもった言葉で、様々な奇蹟を起こすほどのエネルギーが宿る言葉だといわれています。

反対に、愚痴や悪口、文句などネガティブなことを言った瞬間に、それまで積み重ねた「ありがとう」の数がリセットされてゼロに戻ってなくなってしまうとか。

ネガティブな言葉は、せっかくポジティブな言葉で運気を積み重ねたとしても打ち消されてしまうので、言わないように気を付けていないといけませんね。

ネガティブなことを言ってしまったとしても、もう言わないと心に誓って、またポジティブな言葉遣いをするように努めれば大丈夫です。

私も挑戦していますが、途中で文句や愚痴を言ってしまったりして、何度もゼロに戻ることが続き、リセットされてしまいましたが、最近はポジティブに考えて、文句は言葉に出して言わないように心がけています。

あなたも奇跡を起こしたいなら挑戦してみませんか。ちょっとでも何かあったら、「ありがとう」と言うように心掛けていくと、不思議とそのようになっていくものですね。いつも感謝の気持ちを持っていることで、気持ちが自然にポジティブになり、最近なんかツイているなあとか、少しずつ運が良くなっていくことが実感できるはずです。

また、「ごめんなさい」という言葉も運気を上げる言葉ということをご存じでしたか。「ありがとう」は一般的に良い言葉といわれていますが、「ごめんなさい」はマイナスイメージが強く、運が良くなる言葉には聞こえないかもしれません。

しかし、「ごめんなさい」という言葉には成功に影響する力があるそうで、「ごめんなさい」を口にできる人ほど成功するそうです。それは、謙虚さからくるものではないでしょうか。謙虚さがない人は、速攻で運気を落とします。

実際、自分の間違いをすぐ認めて「ごめんなさい」と言う謙虚な人は成功が早いそうです。反対に言えば、自分の間違いが分かっても「ごめんなさい」と言えない人は成功が遅くなる、遠ざかるということ。

実力があっても成功できない人の特徴に、素直に謝らないということがあるそうです。うかつに謝ると責任を問われそうだとか、謝ってばかりいると威厳が感じられないといった気持ちから素直に謝れないのでしょうか。プライドも高く謙虚さのかけらもない人は、人から嫌われてしまいますよね。

「ごめんなさい」を漢字にすると「御免なさい」ですが、漢字の意味は「御＝相手への敬意」「免＝ゆるす」で「御免」となり、「あなたの寛大な心で許してください」という意味になります。

つまり、相手の寛大さに尊敬を込めた言葉です。素直に謝ることができないと、人からいただく他力を一切排除することになり、応援してくれる人が減っていくのは明らかですね。

私も人のことは言えませんが、自分が悪いのに絶対に素直に謝らない人をよく見かけます。そんな人を見ていい気持ちにはなりませんし、その人のことを応援したいとは思いません。誰から見ても嫌われますよね。それでは、お気の毒に運気が急降下ですね。逆に素直に謝れる人は応援してあげたくなるもの。

成功したければ、自分に非があると分かった時に即座に「ごめんなさい」と素直に謝りましょう。そうすれば、人から好感を持たれて、運気も上がってきます。素直で謙虚にいることは、運気アップの大前提なのです。

「ありがとう」という感謝の言葉で最高にツキが巡ってくる

執筆の途中で、ガネちゃんに頂き物のどら焼きをお供えした瞬間、チラ見して話しかけてきました。

「わおぉ〜！　なんともおいしそうじゃぁ!!　このどら焼きはどうしたんや？」

と聞かれ、

「頂き物ですよ。ガネーシャのガネちゃんが大好物だからってプレゼントです」

と答えると、

「ありがたいのう。幸せますじゃ」

と思いっきり山口弁で言って、ニヤリと笑いました。と思ったら、

「ちゃんとお礼を言うたんか？」

と聞かれたので、

「もちろん、言いましたよ～」

と返すと、

「ちゃ～んとありがとうございますって言うたんかや！」

と厳しい顔で言われました。

「『どうも』って言いましたぁ」

って言ったら、

「何を言うちょるんかぁ！『ありがとうございます』って何で言葉で言わんのかぁぁ！　当たり前みたいにもらって。何考えちょるんかぁぁぁ～」

と怒られました。

そして、ガネちゃんがすかさず言いました。

「いつも偉そうなこと言うくせに、おまえには感謝の気持ちというものが欠け

ちょるんじゃあ。何もかもしてもらって当たり前と思うこと自体が大間違いなのじゃぁ！」

そして、真面目な顔をしてこう言いました。

「人を大事にして、素直に慈悲の心をもって何事にも感謝するのや。何かしてもらったら必ず感謝の気持ちの『ありがとうございます』を言葉にして伝えるんじゃ。それだけで必ず状況が一転して運も良くなってくるんじゃ。とにかく感謝の心を常に持つこと。何事にもありがたく感謝するのや。分かったか！」

「分かりました。ありがとうございます」

って言ったら、

「そうじゃ！　まずは、ありがとうございますなのじゃ！
ツキが降りてくる魔法の言葉。これこそが〝ありがとう〟なんじゃ‼
ありがたや～、ありがたや～～」

そう続けて、ガネちゃんは言いたいことを喋り続けていました。

「本当に偉い人というのは、心の大きさ、つまり人間の器の大きさなんじゃよ。先に相手に感謝の意と思いやりを示せるかどうかが一番大事なのや。よく分かったかぁ」

ガネちゃんが、まるで教育パパのように見えました。

「ガネちゃん、ありがとうございます。今、書いている運とツキの内容にピッタリの発言で心より感謝します」

って言ったら

「今、どこまで書いてるのや？」

と聞くので、

「いや、真ん中くらいまで書いて止まっています」

と言ったら

「何をしちょるんかぁ！　もっと早う書かんかぁぁ！」

とまたしても怒られました。

「とにかくありがとうございます、感謝します、って言いながら書いていけぇ

え」

「分かりました。感謝しながら頑張って取り組んですぐに仕上げます」

「ようし！　再び取り掛かるんじゃあ！　書くことは上からたくさん降りてくるから、あとはワシに任せちょけばええんやぁ！」

プレゼントのたくさんのどら焼きに囲まれたガネちゃんが、上からチラ見しながら言いました。

「さあ、いよいよ中盤戦じゃ！　みんなもここまで読んだら、すでに半分強運体質になっとるかもしれんのう。さあ、次も頑張っていってみよう！　読み終えたみんなが強運になっとるのは間違いないんじゃけのぅ」

ガネちゃんに見守られる中、書きたいことがどんどん舞い降りてきて、次々と書いていきました。

ガネちゃんは、人にも動物にも優しい神様。なかなか厳しい世の中、少しでも人々を前向きにしたいと思って、私を奮い立たせるようにして書かせているのが分かる。

こんな時代でもどうにか前向きに乗り切ってほしいと。

改めて、私も何らかの力になれたらと、心を入れ替えて感謝の気持ちで書くことにしました。

上にいるガネちゃんが偉そうに、ほら見ろって感じで、またチラ見してました。

「ありがとうございます」という感謝の気持ちは、いつなんどきも忘れてはいけないですね。

ポジティブな言動がツキを呼び、強運に

強運な人の特に目立つ特徴は、極めて前向きな精神的な部分です。ポジティブで誰にも優しく、しっかりしている人はツキを味方にできるタイプの人です。

このような特徴を持つ人は、誰にでも好かれますし、その明るい性格でさらに良い運気を引き寄せることができます。

運が良い人は常にポジティブな思考を持っています。自分にとって悪いことでも、

ポジティブにとらえ行動を変えていくのです。そういった訳で、ツキが自分に回ってくることが多いのです。こういった人はチャレンジ精神があり成功をつかみやすい傾向にあります。

しかし、挑戦には失敗がつきもの。でもそれを跳ねのけるバイタリティがポジティブ思考の人にはあるのです。心をいつも一〇〇パーセントのポジティブな状態に保つことは難しいかもしれませんが、ネガティブな気持ちよりポジティブな気持ちの方がトータルで上回っていればよいと思います。

陽の気が陰の気を上回ってポジティブであれば、その人は明るく前向きに楽しく生きられるため、幸運を招き寄せることができます。

つまり、プラスの感情からマイナスの感情を差し引いた残りが、プラスであればいいのです。

ツキのある・なしも本人の責任です。たとえば、ネガティブより、ポジティブのほうが明らかに自分のためになるから「自分のため」を本気で考えている人は、まずは一〇〇%プラス思考を心がけているもの。
物事を前向きに考えること、ポジティブシンキングがいかに大事かが分かっているのです。

私自身は、何度も死にかけて、いや死んでるので、生きていること自体が奇蹟。
「まだ今生きている」「生きていることに感謝して生きている間にできることをやろう」という、やけくそに近い極めてポジティブな考え方です。

西遊記の玄奘三蔵の名言に、
「神は誰も救わない。自分を救えるのは自分自身。
死ぬのは自由だ。逃げることはできる。
お前が死んでも何も変わらない。
だがお前が生きて、変わるものもある」（玄奘三蔵『幻想魔伝 西遊記』一六話）
というものがあります。

当たり前ですが、この世に生きているというだけで、しようと思えば自分の意志で何かができますが、死んでしまっては何もできません。

何度も死んで生き返っているというのはある意味怖いものなしの強靭な心を持ち合わせているといっても過言ではありません。だから、直感でこれだと思いついたらすぐに行動に移します。

また、自分に自信を持って、しっかり芯があるというのも大事なことです。人に流されない強い意思があると、邪気を跳ねのけることができますし、悪い「気」を持つ人に流されてしまうこともなくなります。

成功する人は誰のせいにすることなく、自己責任で解決していく

ツキのない人たちには、大きなひとつの共通点があります。

それは「他責」の人です。

ツキのない人たちは、悪いことが起こった時、自分以外の誰かのせいにしたがるという極めてネガティブな共通点を持っていることが見受けられます。

また、「あの人があなたのことをこう言っていた」といった、他人の悪口を間接的に伝えるような人は、最悪です。あなたのことも他人にそのように伝えているはず。

自分はさも悪くないように、人の悪口を伝えてかき混ぜる人は特に要注意です。都合の悪いことは人のせいにし、他人を責める他責の気持ちが強いというのが、ツイていない人たちに面白いように共通する特徴です。

こういった他責の人たちは、ことごとく周囲の人間から嫌われます。とくにツキがあって、自分にツキを運んできてくれるはずのツイているポジティブな人たちは、何より他責の人間を嫌います。

だからツキの運び手を、自分のところに呼び寄せることができず、反対に他責で、向上心がなく、似たようなネガティブで運気のかけらもないような貧相な同類ばかりが集まって、助けてくれる人がいないから、ツキとは無縁で、さらに運気を悪くしていくのです。

反対に運もツキも味方にして成功する人は、何が起こっても人や物のせいにすることなく自己責任で解決していく「自責」の人です。

このような自己責任で判断して行動する人は、どんなに悪い状況でも必ず、自分でどうにかしようとポジティブに考えるから、ツキも引き寄せて、運気の流れも良い方向に変えて行くことができるのです。

結局はツキのある・なしも考え方次第であって、本人の責任なのです。ネガティブより、ポジティブのほうが明らかに自分のためになるから、まずはプラス思考を心がけていきましょう。

自分の夢を実現するためと考えたら、もっとワクワクしながら楽しくできるのに、それがないと苦しいだけの努力になってしまいます。

実現したい夢や人生の目的を持つことが大切と言われるのも、それらがあれば、どんな苦しいことがあっても、自分の夢のためと思えるからではないでしょうか。

強運な人には、ポジティブという運気を寄せやすくするための共通点があります。それを真似することで、あなたも強運になれるかもしれません。

天才・エジソンだってひらめきは一%、九九%が努力

強運は、自分を信じて努力し続けた人の元にしかやって来ません。

大きなツキはとてつもない努力をし続けた強運な人にやって来ます。小さなツキや運ならば普段のポジティブな心構え次第でやって来るかもしれません。

そういった意味では、ツキや運は自分で呼び込むことができるものです。ツキとか運というものは、偶然にあなたのもとにやって来るものではないということを理解しましょう。

次のような例も、決して偶然ではありません。

サラリーマンの方なら人事で栄転になった。大きな契約が取れて成功報酬があった。事業を行っている方なら、新商品が爆発的にヒットした。このようなことは全て努力

の結果です。

受験生であれば、かなり難易度の高い大学を目指したり、難しい資格を取得しようとした場合、周囲の無理だというプレッシャーをはねのけて、ずっと諦めることなく、猛勉強の甲斐あって、合格を勝ち取った。あまりに当たり前のことですが、これも努力の結果になります。

運というものは、見えないものですが、霊的なものでも、超常現象のようなものでもありません。運というものは、行動と努力の賜物といった結果にしかすぎないのです。

いくら運に恵まれてツイている人でも、努力しなければ、絶対に結果は出ない。つまり行動して努力を続けることによって、結果が出るというわけで、何もしない人には、何もあるはずがないのは当たり前のこと。何もせず寝ていて棚ぼたでツキが舞い降りて良い運気になるなんてありえないことです。

発明王・エジソンの名とともに有名なのが「天才とは、一%のひらめきと九九%の努力である」という名言です。

「九九%」と大変比重の大きい「努力の大切さ」を説く金言である、という解釈がされています。電話、蓄音機、白熱電球、映画……近代文明の発展に欠かせない偉大な発明に、数々の功績を残したトーマス・エジソンの名は、今でも世界中に知られています。

実際は「一%のひらめきがなければ九九%の努力は無駄である」との発言だったともいわれています。言い換えれば「一%のひらめきさえあれば九九%の努力も苦にはならない」ということです。

天才・エジソンだって、ひらめきなんてものはたった一%で、ほとんどは努力で成り立ってるということです。

実際、エジソンは大変に勤勉だったそうで、一日一六時間以上、発明に向き合っていたそうです。

また「私は失敗したことがない。ただ、一万通りのうまくいかない方法を発見しただけだ」といった極めてポジティブな発言もよくしていたようです。

何万回、うまくいかなくても、成功に向けて挑戦し続けられる精神力、まさに努力家！　と見ることもできますが、実はエジソンには子供時代から突出してユニークなエピソードが多く、努力家というよりむしろ「異様な熱量の好奇心にとりつかれた、根っからの発明家」というイメージも想起させます。

エジソンが猛烈な努力をいとわない人物だったことは確かで、「努力は重要」という主旨ともとれる発言を、ほかにも多く残しています。

努力し続けることで「思わぬ助け船」というツキを呼び込んだ

私が博士号の論文を書いていた時、努力し続けて諦めず、ツキを呼び込み良い結果を出せたことを思い出しました。

気象の研究室で、AさんとBさんは同じ研究テーマを持ち、二人ともその研究テーマの解析結果を出さないといけませんでした。

長年のものすごいデータの中から、その変化の相関性や共通性を見つけて、どういった傾向があるのかという解析結果を出す必要がありました。

その気象データは恐ろしいくらいの量があって、ある程度の結果を出すには一〇〇パターンの解析の方法があるとします。

しかも一つ一つのデータ解析がとてもめんどくさいのです。

Aさんは、二、三パターンを実行した後に、このままやっても結果は出ない、同じだろうからこの辺でいいと止めてしまいました。

しかし、Bさんは違いました。一〇〇パターンすべての解析を実行する忍耐と精神力を持っていました。そして、五〇パターン目を実行した時、思わぬ人から、似たようなデータの解析結果を教えてもらえるという助け船が出され、なんと五〇パターンでその解析を達成することができたのです。

努力して目的地に向かって行っている途中で、運気の流れに乗りツキがやって来て、助け船まで出て来て、ゴールに達することができたのです。

まるで、ウサギとカメの話のようですね。

結果が出なかったAさんは、「Bさんはツイていたからだ、あんな助けが入るなんて、こんなことだったらもう少し自分も続ければよかったな、自分はツイていない」と思ったかもしれません。

ここでBさんは運がいい、とされていますが、深層部分では違います。Bさんはあきらめなかったし、やはり努力したから、データの傾向を教えてくれるような助け船が出て来たのです。やっぱり神様はちゃんと見ているものです。

実は、Bさんとは私のことです。自分なりに諦めず、頑張っていった結果、ツキも舞い降りて、とても良い論文が書けました。私は、決めたら絶対最後までやり遂げてきました。そこだけはだれにも負けません。

皆さんにもこのような心当たりがありませんか。絶対にあるはずですよ。

「天は自ら助くる者を助く」です。

努力し続けることが「思わぬ助け船」というツキを呼び込んだのです。

努力をする前に、なにかいいこと、つまり、棚ぼた式に「ツキ・運」が自分に来ることを期待していては、一生それは来ません。

努力や行動を怠れば、それはツキがないのと同じことで、運は確実に逃げていきます。

いくら幸運の持ち主でも、努力して行動に移さなければ、何も得るものはありません。その人に合ったやり方で、コツコツ努力して成し得たものに、敵うものはないのです。

人生での出来事をチャンスと感じたら、すぐに決断、実行して動きましょう。その結果、ツキが巡ってきて運が開け、確実に良い方向に運命を創造していけるのです。

こうしたら良くなってくるでしょうというアドバイスも、指針にしか過ぎず、それを信じて行動を起こすかどうかは、自分で判断して決めることなのです。

なぜなら、人生の選択と成功の実現というものは、誰でもなく、結局は、自分自身でしか作りえないものであるからです。

今、あなたが置かれている現状は誰のせいでもありません。あなた自身が作り出したものです。全部自分のせいです。このことを肝に銘じて下さい。

しかし、努力し続ければ必ずツキが回って運が良くなってくると分かっていたら、ほとんどの方が努力を惜しまないはずです。

ウサギとカメの話――ひたすらゴールをめざして歩き続けたことで勝利を得た

ウサギとカメのお話は誰もが知っている昔話です。

ウサギとカメが山のふもとまで駆けっこをすることになった。

スタート直後は予想通りウサギはどんどん先へ行き、とうとうカメが見えなくなってしまった。

ウサギは少しカメを待とうと居眠りを始めた。その間にカメは着実に進み、ウサギが目を覚ました時見たものは、山のふもとのゴールで大喜びをするカメの姿であった。足の速いウサギが己の能力を過信しカメをバカにして油断したがゆえに、コツコツと地道に歩き続けたカメに敗れてしまう。

この物語が示唆するのは、自信過剰になり思い上がり油断をすると勝利を逃してしまう。

また、能力が弱く、歩みが遅くとも、脇道にそれず、着実に真っ直ぐ進み続けることで、最終的に大きな成果を得ることができる。

いわゆる「努力に勝る天才なし」という教訓です。

どれほど高い能力や才能を持っていても、驕りがあってその上にあぐらをかいて怠ければ、地道に努力を積み重ねる凡人に足元をすくわれてしまう。今も昔も変わらない不変の教訓です。

そしてこの物語には、とても大切なもう一つ教訓が隠れています。

それは、ウサギはカメばかり見ていたのに対してカメはゴールだけを見ていたというもの。

つまり、ウサギは競争相手である「のろまなカメ」の動向ばかりを気にしていたため、馬鹿にして過信してつい油断してしまった。

それに対してカメは、ウサギを気にせず目標のゴールだけを見て、ひたすらゴールに向かって歩き続けたことで最後には勝利を得た。つまり、目的への意識の差が勝敗を分けたのです。

ほとんどの人が、継続を放棄して、途中であきらめるから、夢が叶わないということ。

夢の実現において一番大切なのは「あきらめないこと」であり「継続」することです。

続けること、ここが一番大事なのです。

夢に向かって一斉に走り始めました。

スタートし始めた瞬間は、大勢の人がいて、競争も激しい状態です。同じ夢に向かう人が多く、競争も対立も、ひしめき合います。成果が目には見えないけれど努力する日々を繰り返します。いくら走っても、ゴールはまだまだ先にあって、実現までは程遠い。

しばらくすると、限界が来てもうあきらめようかと、数人が脱落・棄権し始めます。なかなか結果が出ない状態が続けば、途中で投げ出す人も出てきて当然です。

しかし、そうなってからが、正念場。そこからが本当のスタートなのです。

成功というものはわざと、なかなか結果が出ない状況をつくり、走る本人の気持ちが、どれだけ本物なのか、真剣なのか確かめるようにでもできているかのようです。でもどんなに苦しくても、あきらめず、がむしゃらに走り続けることが大事なのです。

途中でこけてしまっても立ち上がり、疲れて立ち止まることはあっても、体力が回復すれば、また走り続けます。

ゆっくり走り続けるため、人よりも遅れてしまうことはもちろんのこと。それでもひたすら、人と比較することなく最後まで自分の可能性を信じて走り続けます。そうしているうちに、振り返ると多くの人が次々と棄権していっています。

そうなんです。結局は、自分との闘いにしか過ぎません。続けてやり通す人ってなかなかいないのです。

ほとんどがリタイアするなか、苦しくても闘って闘い抜いて走っていきます。すると、大どんでん返しの奇跡が起こります。気がつけば、自分一人だけが走っている状態に。最後尾だったかもしれませんが、振り向けば誰もいない。いきなりトップランナーです。

他に走っている人がいなくなれば、競争がないということと同じ。

人生でトップランナーになる人は、足が速い人ではありません。ただただ最後まで走り続けた人です。足が遅くてもいい、たとえスタートが遅かったとしても、諦めずに前に進み続けることが大切なのです。

夢に向かって、最後まであきらめずに自分の可能性をひたすら信じて、人にバカにされようが罵られようが、自分を信じきって最後まで走り続けた人に勝利の女神は微笑むのです。

ナポレオン・ヒルの名言に次のようなものがあります

「世の中を見てみろ。最後まで成功を願い続けた人だけが、成功しているではないか。すべては『人の心』が決めるのだ」

夢が実現しない一番の理由は「あきらめる」からです。夢をあきらめず、追いかけ続けていれば、いつか実現する可能性があるのです。

実現するまであきらめなければ、夢は必ず実現するといっても過言ではありません。一つの夢に集中して、倒れても立ち上がって、命懸けで追い続ければ、うまくいかないわけがありません。

私の場合は病気で、一般的に言われる普通の人生からは外れて、遅れてスタートしました。若い時にはつまずいてばかりで思うようにいかず、打ちのめされる日々でした。

でもウサギとカメの話を教訓に、人と比べず、色々なことに挑戦しながら今も生き続けています。お供にはいつも犬と猫が傍らにいて、ともに頑張って手を取り合って生きてきました。

これまでを振り返ってみても、何度も死にかけた病み上がりの病人と、殺処分されるはずだった犬や猫たちとが、二人三脚でここまでやってこられた。

これからも一緒に生きて生き抜いて、日々是前進で頑張ってチャレンジしていく。とにかく止めてはそこで終わりなのだから。これからも頑張って色々なことにチャレンジしながら生き続けていきます。

今、何らかの目標がある人達も頑張ってほしい。夢と希望をもってゴール目指して走り続けたら、必ずそこには大きな幸せが待っているから、諦めずに最後まで走り抜けて欲しいと思います。

何も見つからない日々でも、探し続けたもの勝ち

成功する人の特徴の一つに「決心の迅速決断」というものがあります。確実に願望を叶えていく人は、決心が速く、しかもすぐにその日から行動に移します。

願ったらすぐに行動に移して動くのです。

しかも、上手くいくという確信を持っていますので、一度決めたらなかなかその決心を変えません。自分の直感を信じて、必ず猛烈な勢いで、最後までやり通します。

人生とは、砂金採りのようなものかもしれません。

何も見つからなくても行動を繰り返すことで、諦めなければ最終的には宝を見つけることができるというもの。

人生では、大切なものを見つけようと行動に出ることが必ずありますよね。見つかるまで延々と努力して続けないといけません。必ずそこには砂金があると信じて掘り

続けるのです。

砂金が、すぐ見つかれば苦労しません。すぐ見つかるようなものであれば、それは誰にも手に入れることができるので宝ではありません。なかなか見つからないから、砂金というものは貴重なのです。

最後は、根気との勝負です。

何も見つからない日々でも、探し続けたもの勝ち。

必ず見つかる、そう信じて諦めずに探し続けていれば、ツキも味方にできて、必ず見つかるもの。暗いトンネルの向こうに一筋の光が差し込むかのように、光るものが見えてくる。

それが、砂金です。

見つけるのに苦労すればするほど、貴重なものが見つかるのです。

運命を変えていく人は運に頼らない

運命を変えていく人は、運に頼らない傾向にあります。

運に頼らないから、運命を自分の力で変えていくことができます。

運を頼りにしていると、行動しないで待っていることが基本姿勢になってしまうもの。

運が良ければやろう。タイミングが良ければやってみようか。そういった、運に身を任せるだけの人は、偶然を期待して、行動はしません。努力なんてもってのほか。

普段から運に頼っていると怠け者になり、日ごろから準備も努力も何もしていない人に、運を生かすことができるはずもない。たとえチャンスが巡ってきたとしても、そのチャンスの存在自体分からないでしょう。慌てるばかりで十分に生かすことができません。

本当に運を生かせる人は、運が良い悪いに関係なく、一生懸命になって頑張り続けている人です。決して運を中心に頼りにしているわけではなく、自分の力で前へと進みます。全てを自己責任で進んでいきます。

そうしていくうちに、ツキも舞い降りてきて、続けて運の良いことが起こります。普段から一生懸命で努力し続けていることから、ツキもしっかり見定めてつかんで、生かすことができます。

一生懸命になっていないと、ツキがきてもその存在すら分からず、生かすことができません。まず一生懸命にならないと、本当の運はやってくるはずもないのです。

神は人生を賭けるほど大きな信念をもった人間が大好き

長い人生において、辛くて苦戦していて心が折れてしまうこともたくさんあります。うまくいかない時には、もういいと思って諦めかけてしまうこともたくさんあるでしょう。

ただ、そんな時こそ自分と正直に向き合いながら、さらに努力をしていると、あるタイミングで運気の流れが変わってきます。

それはもちろん外的な要因もかなり関係しますが、それ以上に、上手くいかない時にもがき苦しんで悩んで、考えて考え抜いて、挑戦したことが流れが好転してきた時にすべて良い結果として戻ってくるもの。

持続するような努力は貯金みたいなものかもしれません。

すぐに結果が出ることなく、運命が好転していなくても、「ここまでやったのだから、きっとそのうちいいことがあるだろう」、そんなふうにポジティブに捉えた方がいいと思います。

人生の荒波に乗って何度もひっくり返っても、またやり直していれば、その経験は決して無駄ではない。どんな波にも乗れるようになるし、その良い波の中に混じってくる荒波にも平気になってくるはず。

どれだけ努力しまくったとしても、色々な状況によって思った通りの結果が出ないことが続くことってあります。

でも、人生を長い目で見ていくと、努力してそしてその苦労を乗り越えていく人は、やっぱり最終的にはいい結果になってくるもの。一生懸命を忘れている人は、運があったとしても絶対に生かせないでしょう。

一生懸命になっていないと、良い運気がきても生かすことができません。まず一生懸命にならないと、本当の運はやってこないのです。

強運な人は、ありとあらゆる困難を克服しており、どんな運気の荒波にも飲み込まれません。運気の流れに上手く乗っていく強運な人を例えると、波乗りのサーファーのプロのプロのような感じです。

プロでなくても際立った才能のある天才的な波乗りのサーファーは、これまでたくさんの荒波を乗り越えて身に付けていった体験の中から、無意識のうちに経験的に波を選んでいきます。自分で直感的にこれだ！　と思う波に上手く乗っていくのです。

波乗りのサーファーの波の流れの関係と、運気の流れに上手く乗って夢を叶えていく人とは、よく似たような感覚だと思います。無難に小さい運気の流れに乗っても、あまりたいした結果は出ないでしょう。

運気の流れが大きいほど、リスクも大きくなってきますが、うまく乗れたとしたら、大きなツキもつかみ取って、手ごたえのある結果を得ることができるはず。それこそが、いかなる逆境の荒波をも乗り越えてきた強運の人なのです。

人生を本気で賭けているスケールの大きい人は、非常に大きな運気の流れの大波を選んで、平気で乗っていきます。傍からみたら、考えられないくらいの荒波も平気でです。

これは、自分のこれまでのありとあらゆる困難に負けない経験則があり、どんな波が来ても対応できる器があるということ。この波だ！　という直感なのです。

気象用語で一発大波という滅多に起こらない巨大波があります。そんな信じられないような運気の大荒波がやって来ても、強運な人は、今これに乗るしかないと判断したとすれば、失敗を恐れることなく、自分を信じて必ずその波に乗ってしまうでしょう。自分なりの確信と信念を持って、命を顧みないような勢いで、瞬時に飛びこんでいきます。

とんでもない大荒波ですから、恐ろしいぐらいの苦難が待ち構えているのは分かり切ったことです。しかし、次々と目の前のことに猛烈な勢いで対処していきます。

そして、神までも味方につけて、大きなツキも舞い降りて、神風を起こすくらいの奇蹟が起こって、確実に荒波を乗り切ってしまうのです。

神という存在は、人生を賭けるほど大きな信念をもった人間が大好きです。このような大きい器の人間に必ず味方してくれます。

嵐を恐れず大荒波の海に乗り出し、生命を賭けて巨大な大波を乗り切ったあとには、必ずその大波に見合った報酬としての大きな成功が待っているのは間違いありません。

第4章　ピンチはチャンス

自分を信じて思いっきりやってみよう

野球やサッカーを観ていたり、実際にスポーツをやっていたりして、「ピンチの後にはチャンスが来る」ということを目のあたりにしたことはありませんか？

ピンチの後にこそチャンスが来ることが多いのです。

野球に例えてみましょう。九回の裏、二アウト満塁で一点差。次の相手バッターは四番。これは、ほとんどの人が明らかにピンチだと思うでしょう。客観的に誰がどう見ても、やはりピンチです。しかし、考え方次第でチャンスにだってなりうるのです。

ピッチャーは、明らかにピンチの状況にあると思います。しかし、そこで完璧に抑えることができたとしたら、確実にヒーローになれます。

反対に、相手の四番バッターはどう思っているでしょうか？　もしかすると、チャンスだと思っていないかもしれません。四番バッターゆえに、チャンスで回ってきたのだから、ヒットを打って当然と思われているのは間違いありません。

実は、それがプレッシャーになっている場合だって十分にあり得るのです。打てなかったらどうしよう。すべては自分のせいだと考えている可能性もあって、普段なら出せる力も、萎縮してしまっては出せなくなるかもしれません。

しかし、このピンチの状況こそ、もしかしたらチャンスでは？

非常に不利な状況でもポジティブに捉えれば、アドレナリンが体を巡り、普段以上の火事場の馬鹿力が出せるはず。

全ての運気を味方につけるような猛烈な勢いで挑んだとします。

すると、幸運の女神が微笑んで、一挙に巻き返す。そんな大どんでん返しの奇蹟もあり得ます。自分は絶対勝つと信じ込んでしまうことによって、十分に逆転は起こり得るのです。

精神状態が追い込まれ、ピンチだと感じているのであれば、流れは完全に相手に行っています。そこで相手がその流れをつかんでしまえば、こちらにチャンスはなかなか回ってきません。しかし、逆に相手がそのチャンスの流れをつかみ損ねたとしたら、こちらにチャンスがやって来ます。

チャンスの流れというのは気まぐれで、文字通り流動的なものなのです。その瞬間のチャンスを活かせなければ、すぐにどこかに行ってしまいます。

だからこそ、こういう時に大事なのがプラス思考なのです。ここを押さえれば必ずこちらに流れがやってくるもの。その差は、自分を信じることへの信念の、紙一重の差にすぎないかもしれない。

自分を信じて思いっきりやってみよう。プラス思考でそう思えれば、大丈夫。ピンチの後にはチャンスが待っています。

さて、ピッチャーとバッター、どちらが勝つでしょう？

相手を打ち負かせるとプラス思考で思えれば、神風が吹いて勝機は生まれてくるのです。プラス思考は幸運を導く必要条件。信じる心と叶えたいという強い気持ちで、奇跡は必ず起こります。

保護犬タック命の奇蹟

「ピンチはチャンス」の例として、私が最近保護犬タックを引き取った時のことが、まさしくそれにあたります。

二〇一六年の秋、私は退院してようやく一年が過ぎて、体力が回復しつつあるといった段階でした。『保護犬タック命の奇蹟』（ロングセラーズ刊）に書いていますが、引き取る話が二転三転しながらも、保健所からタックを救うことができました。

タックは米軍基地の兵士が咬傷犬として、保健所に持ち込んだ犬。咬む、唸る犬は即殺処分の対象でした。

期限ギリギリ最後の日。その日は二〇一六年一〇月三日でした。この犬は、このままでは間違いなく殺処分になる。誰も手を挙げないままだ……。引き出せるのは私しかいない。後悔先に立たず。あとで後悔することの方が耐えられない。私しか救うことができない。そう確信して覚悟を決めました。

引き取ろう……。それは清水の舞台から飛びおりるような気持ちでした。

唸って威嚇する攻撃的な危険とされる子を、もし、一般の方が引取りを希望された場合その方が引き出すことはできるのかと保健所に尋ねたら、やはり答えは「ノー」でした。譲渡先でも手に負えず、人を咬んだりしたら危険だから……とのこと。絶体絶命のピンチだ。他にこの子を救う手立てはないのかと必死に考えました。ここで、もう無理かもしれないという思いが頭をよぎりました。


それでもあきらめきれず、苦肉の策で選んだ選択。それは、保健所からそのまま訓練所に預けて躾をしてもらうという選択でした。覚悟は決めていました。どう考えてもそうするしか方法がなかった。

引き取るのであれば最後まで責任をもつ。何があっても、この犬を守ろう……誰も引き取らない犬を引き取ることこそが、今自分が生きている証だ。どうにかなる。どうにかすると自分に言い聞かせました。

地元の岩国にあるドッグスクールを調べて電話をし、「このままではとても飼えないので、岩国の保健センターまで出来ましたら迎えに来てくださいませんか」とお願いしたら、熱意が通じたのか、一〇月四日なら市内に出るので少し時間が取れるとおっしゃってくださり、感激したことを今でも忘れません。ただし、「あまりに凶暴なら引き取れない、更生できる見込みがあれば引き取る」という条件付きでした。

でもその時、命が首の皮一枚繋がった、この子は助かる、生き運があるんだ……。ここでツキが回ってきたことを確信しました。暗いトンネルから一筋の明るい光が差し込んできたような神がかりな感覚でした。

一瞬にして整った引き取りの手はず

私は三日の朝イチに岩国の保健センターに電話をして、引き取り期限を一日延ばして四日にしてもらえないかと嘆願しました。すると、「犬の訓練士さんがそのまま訓練所に引き取り、預かってきちんと躾する、そこまで考えているのならもう一日待つ」

という返事でした。決戦は一〇月四日。皮肉にもその日は世界動物愛護の日でした。山口といっても、岩国の保健センターまではかなりの遠方で車でも二時間はかかります。しかも、そのままでは飼えない……。それからすぐ、その犬のことを相談したら、賛同して連れていってくれる理解ある友達が現れたのです。

岩国の訓練士さんが親切にもわざわざ保健センターまで直接いらしてくださることにもなり、一〇月四日に引き取るという手はずが一瞬で整った。どうにか助けたいというその気持ちだけで動いたら、助かる道ができたのです。

ピンチはチャンスとはまさしくこのことでした。

運気がこの子を救う方向に流れている。奇蹟だ……。まるでモーゼの十戒のようだ。この子に生きる道ができたのだ。

「さあ、助けにいこう!!」

友達と高速を走らせて迎えに行きました。

保健所に着いたら、とても不思議な感覚を覚えました。初めて会うのに、初めてじゃないような……そんな錯覚に陥りました。手続きを済ませて、その子のいる檻に向かっていきました。

すると、あれだけ唸って攻撃的だったのに、嫌がる訳でもなく、おびえる訳でもなく、不思議とスーっと自分でゲージの中に入ってくれました。その信じがたい光景は、今も忘れられません。

それから、訓練士さんが用意してくださっていた車にゲージごと運び、乗り込んだ時、その子の表情はくるっと笑顔に変わった。そしてゲージ越しに私の手をペロッと舐めた。それがこの子にとって、救ってくれた私への感謝の気持ちだったのだ。とっても運命的なものを感じた瞬間でした。

これもまた偶然のような、でも必然性のある出会いだったのだと思わされました。

新しく「タック」と名付けたこの犬は、自らが運をつかんでシンデレラのかぼちゃの馬車に乗り込んだかのようでした。そして、かぼちゃの馬車は幸運へと走り出しました。引き受けてくださった訓練所へと、保健所からそのまま向かっていきました。

その後、岩国の訓練所から、地元の山口の訓練所に移動して、預かってもらうことにしました。今度は自宅から近いので、毎週会いに行き、私にもすごく慣れてくれました。

警察犬の試験に参加し『坂上どうぶつ王国』で全国区に

訓練士さんから、タックには追跡能力があると聞いて、可能性を確かめるために、警察犬訓練校に入れてもらいました。元米軍基地の犬ということもあってか、それから半年の訓練で、なんとタックは追跡能力を発揮して警察犬の試験に参加させてもらうことになったのです。

一年前までは保健所で唸っていた犬が、警察犬を目指すなんて。

初めての試験の年は戌年《いぬどし》ということも相まって、恐ろしいくらいのマスコミに注目されました。〝保護犬の希望の星〟と、ありとあらゆる地元のニュースや新聞に載せてもらって、大きな運気の流れの中にツキが回ってきた感じがひしひしと伝わってきました。

私は、タックを警察犬にしたかったのではなく、人間の身勝手で殺処分になったはずの犬が、警察犬になって人を救おうとしていることを伝えたかっただけ。結果は臆病ということ？　で二回受けたけれど不合格。

雑種犬は言語道断、という犬の社会の厳しい現実を知ったのもタックを通してでした。

ブリーダーなどからは猛攻撃を受けて非難を浴びせられました。不合格はいつもタックともう一匹の犬だけで、ほとんどが通る試験で敢えて落とされているのは見え見えでした。現実に打ちのめされました。

三回目はどうせ通してくれないのでもう辞めようと思っていましたが、タックは恐ろしいくらいの強運な犬で、テレビ『坂上どうぶつ王国』の取材が来て、なんとタックの存在が全国区に！　試験はできるものの、絶対に通してくれない試験でしたが、その恐るべき強運の運気の津波のような流れは、歯止めが効かないくらいになっていました。

これまでタックと二人三脚で頑張ってきたことが、全国区になった。しかもかなりの視聴率らしく大きな反響で嬉しい反面、あまりの神がかりな出来事に驚き、ついていけませんでした。

以前、読売新聞のインタビューで私はこう答えました。

「それぞれの訓練所でタックの利口さと追跡能力の高さを評価された。捨て犬でも、社会の役に立てることを証明することで、命の大切さを伝えたかった」

警察犬の試験では現実に打ちのめされましたが、今でも私の気持ちは全く変わっていません。タックの活躍を境に、訳ありの犬も愛情と躾で生まれ変われるということを分かってもらった。更生したらセカンドチャンスをつかんで幸せになれるのだと。

私はタックを通して現実を直視して取り組んでこそ色々なことが分かってきました。まだまだ自分にも何かできそうだ。もっと助けられるかもしれない、という自信に繋がっていきました。体当たりで、自分で実際にやってみないと絶対に分からないことでした。

どんな命にも必ず使命がある。だから絶対に命を粗末にしてはいけない。殺処分のはずだったタックが、他の犬を救える道を切り開こうとしている。神がかり的な展開に、そう確信しました。

私が救ったのではなく、私が救われた

飼い主に捨てられ、保健所の片隅で怯えているタックを見て、長い闘病生活で人に見放され病室の隅で絶望の淵にいた自分と重なりました。一目見て意気投合し、数奇な縁を感じました。この犬を幸せにしてやりたい、そんな思いでここまできました。

私自身、退院してまだ間もない、どうなるか不安な状況の中、先行きも考えず無謀にもタックを保健所から引き出しましたが、それから四年が過ぎて振り返ってみると、タックの成長とともに自分も一緒に驚くほど元気になっていることに気付きました。

咬傷犬として殺処分直前まで追い込まれても、病み上がりの頼りない飼い主にどうにか引き取られて殺されることなく命拾いした強運の犬。
でもそれは反対で、助けられたのは自分の方でした。なぜなら、タックは私の息子のような存在で、今となったら運命共同体として、生き甲斐そのものだからです。

タックがいなかったら、病気に負けて、また入院してこの世にいなかったかもしれない。それくらい自分の中でタックは重要な位置を占めるようになっていました。いつどうなるか分からない、どん底の入退院を繰り返す生活をずっと送っていたのに、タックとの出会いがきっかけで、とても楽しい毎日が送れています。
気づいたら、とても元気な自分がいて、不思議なくらい奇蹟的に人生が開けていっています。

どんなに人生が絶望的に見えても、希望は常にそばにある。そのことをタックが気づかせてくれました。私にとってタックは最高の相棒です。

タックの面倒をみるのにふさわしい人物になろうと思い、私は人生をやり直そうと、ずっとやれなかった色々なことに前向きにチャレンジしていきました。

まずは車の運転をしようと、思い切って白内障手術。視力は一・八にまで驚異的な上昇。若い時に免許を取ったものの闘病により長年ペーパードライバーでしたが、自動車学校に数回通って、中古車を購入して運転を再開。

それから、近所の空き家の中古住宅を事務所にしたりと、新しいスタートが目白押しでした。

二〇二〇年度は、コロナによる自粛で、犬も猫も快適に暮らしやすいように自宅のリフォーム工事をすることにして、一間ほど出して犬猫部屋を作りました。また訳ありの子が来たら少しは預かれるスペースを作りました。

田舎の広い庭を格子で囲んで、ドッグランも作りました。これで、犬たちが自由に走ることができます。タックが大喜び。そこで、色々な人たちと触れ合って、人見知りもなくなってますます社会性のある子になりました。まだまだこれからだけど、もっともっといい子になってくれるはず。

タックが来てから、充実する毎日で、病気もどこかに行ったかのように元気になって、とても楽しく暮らせています。タックがいるだけで、心が満たされて幸せなのです。運命的な奇蹟の出会い、奇蹟の犬を授けてくれた神に心より感謝しました。

こんなダメな飼い主でも、思い切って一つの命を救うことができた。もう絶対、病で倒れることができません。だから、元気なのかもしれませんね。タックを引き取ってからすべてが良い方向に向かっています。

死にかけた飼い主と殺されかけた犬、世の中から見放された人間と犬が、支えあって、日々生きていることに喜びを感じています。

私はこの犬〝タック〟を引き取ってよかったと心から思っています。

こういった行動を起こしたのも、保護犬のことについて調べるとともにたくさんの犬が殺処分されていることを知ったから。殺処分されている犬などの元ペットのことを考えると、私はとても胸が痛みます。小さな生き物の命も決して無駄にしてはいけない。これからも一匹でも多く救わなければいけないと思ってます。

どういった経緯で来たにしても、今となってはタックは私の大事な息子です。自分のためだけでなく誰かのために生きることで、人って強くなれるんだと私自身が実感しています。

ずっと闘病生活で人生のどん底にいましたが、タックといることで人間らしい心を持ち、私が生き返りました。日々前進ですが、ステップアップしてさらなるセカンドステージが待っている、そう信じて頑張っていきます。

運が良かったかどうかはトータルで見ないと分からない

よく、「運がいいね」というような言葉を使いますね。運がいいって一体どういうことなんでしょうか。運がいいって、その時の自分にとって都合が良いということではないでしょうか。

たとえば、一枚しか買わなかった宝くじが当たって大金が手に入ったとします。でも、これらって本当に運がいいことでしょうか。長い目でみたらもしかすると運が悪いことかもしれません。

実は、運が良く見えるという現象には、次の三つの種類が考えられます。

まずは「運が良いように見えて本当に運が良いもの」

たとえば一枚しか買わなかった宝くじが当たって、半分は寄付して、後のお金でお店を経営して繁盛して、一生をお金に困ることなく人が集まって楽しく幸せに暮らした。

次に、「運が良いように見えて、実は運が良くないもの」

一枚しか買わなかった宝くじが当たって、贅沢三昧で好き放題の生活をして、豪華なスポーツカーを買って乗り回してスピードを飛ばしすぎて、ぶつかって亡くなってしまった。こういった場合、宝くじが当たらなければ生きていたということになりますね。このように、宝くじなどで大金が入ったとしても、その使い方によって、幸不幸の明暗が分かれます。

そして最後に、「運が良いようには見えないが運が良いもの」

たとえば、車を運転している時、巻き添え事故にあってしまった。しかし、多額の保険を掛けていたので大金が入った。しかも、入院中に知り合った素敵な人と結婚できた。

こういったように、運の展開には、良くも悪くも三つの種類があります。

自分の目の前に起こった断片的な一つの出来事だけで、「運が良い、運が悪い」ということは、本当は判断ができません。実は「運が良い」「運が悪い」ということは、その時、一瞬だけの現象では判断ができないということです。

まさしく「人間万事塞翁が馬」ですね。

この言葉は有名な言葉ですから知っている人が多いと思います。単純に言えば、「人生において、幸せ・不幸は、予測できない。幸せが不幸に、不幸が幸せにいつ転じるか分からないのだから、安易に喜んだり悲しんだりするべきではない」ということです。

つまり、あなたの目の前で起こっている現象は、あなたにとって、運が良いことなのか、悪いことなのかは誰も判断できないということです。

人間万事塞翁が馬

「人間万事塞翁が馬《じんかんばんじさいおううま》」という故事成語があります。私の好きな言葉です。座右の銘とも言えます。

「人間万事塞翁が馬」とは次のようなお話です。

―――

中国の北の方に占い上手な老人が住んでいました。

さらに北には胡《こ》という異民族が住んでおり、国境には城塞がありました。

ある時、その老人の馬が北の胡の国の方角に逃げていってしまいました。この辺の北の地方の馬は良い馬が多く、高く売れるので近所の人々は気の毒がって老人をなぐさめに行きました。

ところが老人は残念がっている様子もなく言いました。

「このことが幸福にならないとも限らないよ」

そしてしばらく経ったある日、逃げ出した馬が胡の良い馬をたくさんつれて帰ってきました。そこで近所の人たちがお祝いを言いに行くと、老人は首を振って言いました。

「このことが災いにならないとも限らないよ」

しばらくすると、老人の息子がその馬から落ちて足の骨を折ってしまいました。近所の人たちがかわいそうに思ってなぐさめに行くと、老人は平然と言いました。

「このことが幸福にならないとも限らないよ」

一年が経った頃、胡の異民族たちが城塞に襲撃してきました。城塞近くの若者はすべて戦いに行きました。そして、何とか胡人から守ることができましたが、その

――多くはその戦争で死んでしまいました。しかし、老人の息子は足を負傷していたので、戦いに行かずに済み、無事でした。

この話は、中国の古い書物「淮南子《えなんじ》」に書かれています。塞翁は占い師であり先を見通す力があるという設定なのですが、結局は「人生なんて何が幸不幸につながるかは分からない」「禍い（不幸）や福（幸福）は予測ができないものだ」ということです。「城塞に住む老人の馬がもたらした運命は、福から禍《わざわい》へ、また禍《わざわい》から福へと人生に変化をもたらした。まったく禍福というのは予測できないものである」つまり、不幸や幸福は予測ができないのだから、安易に悲しんだり喜んだりするべきではないということです。

人生何が幸いするか分からないし、何が不幸の原因なのかも分からない。

今の幸せは将来の幸せを保証するわけではなく、逆に今の不幸せが将来の幸せにつながるかもしれない。人間の幸、不幸は定まっていないもの。

今がどんなに不幸だとしても、また幸せがやって来ると信じる人には、状況が変わって奇蹟が起こる。そして必ずや幸せがやってきます。

ヒーローの生い立ちは不幸・不運から始まる

偉人の伝記を読んでいると、ある共通点に気がつきます。物語は、いつも不幸から始まっていることです。テレビドラマ・マンガ・アニメ・映画など、どれもそうです。どれもヒーローの生い立ちは、不幸・不運という悲劇的逆境から始まります。

なぜなら、恐るべき困難を乗り越えられた人たちだけが強運体質になれるからです。ヒーローとはあらゆる逆境を乗り越えた強運な人たちであるということなのです。

犬や猫などの動物もそうです。最初は死にかけていたり不幸な境遇にあったり、保健所で殺処分直前だったのを保護されて、今では活躍している有名犬などの秘話はよく聞きます。元々が不幸な境遇なほど、それが見違えるほど変わったことが話題になります。

大きな成功をするためには、大きな逆境・不幸・不運・コンプレックスが大きな飛躍へのバネになります。ヒーローほど、悲劇から物語が始まり、最後には超ハッピーになります。

今、あなたが恵まれていない環境で苦しんでいるのであれば、将来は強運で怖いものなしの大物になる可能性があります。沈んだ時は、振り返って軌道修正してやり直すチャンスなのです。もし恵まれていないとしたら、実は恵まれている人より、ラッキーと考えるようにして、その不幸・不運・逆境を、バネにしようではありませんか。

人生はウサギとカメのレースのようなもので最後まで分かりません。

逆境は、それをバネにするためにあるのです。「夢」の途中で逆境にぶつかったら、それをバネにすればいい。

あなたが今どん底だとしてもそこからドラマが始まるのです。人生のターニングポイントとは、人生の大きな出来事を経験した時ではないでしょうか。それが、たとえ悪い出来事であったとしても。

大きな出来事があれば、気持ちも大きく変わって自分の生き方を変えようと決断することが多いもの。その瞬間を、人生の転機、ターニングポイントにできるのです。

難病を乗り越えたことで考え方を変えて強運体質に

私は、一三歳の時、全身性エリテマトーデスという難病にかかりました。いわゆる自己免疫疾患の膠原病です。当時からこれといった有効な治療方法がなく、炎症を抑えるという対処療法のステロイド攻めで、悪くなってはステロイド剤などの消炎剤を大量投与して、治まるのをただベットの上で寝て待つという入院生活や自宅療養だけの生活でした。

それがずっと一〇年以上続くと、去る者は日々に疎しでだれからも相手にもされなくなってしまい、生きていることの意味すら分からなくなってきました。

「まだ若くてみんな楽しそうに生きているのに、私はなんて運が悪く生まれたんだろう」と、心底思った時も多々ありました。実際、面と向かって、運が悪いね、可哀想にとか、聞き飽きるくらい言われてきました。運が悪いという言葉に慣れすぎてしまうところでした。

でも、今は違います。

こんな難病になってしまったことを、今となっては心より良かったと思っています。理由は、この病気をなんとか治そうとして潜在意識の存在を知り活用できるようになったこと。これに尽きます。潜在意識を使うことで、人生が一八〇度変わったからです。

病床で成功哲学の本を読み漁って、潜在意識というものの存在を知り、その活用方法を知ってから、私の人生は大きく変化しました。病気に対してもポジティブに受け止めることができるようになって、それから運気の流れが変わってきたのを実感しました。そしてツキをつかみ取れるようになってきて、強運体質になっていったのです。

前向きな考え方で、病気はどんどん良くなっていき、普通の生活ができるぐらいまで回復しました。社会に出てからも、大学へ行ったり、資格を取ったりと、次々と願望を叶えています。潜在意識を使って、ツキもつかみ取って、考えていることを現実にしていくことの術を具体的に使えるようになったのは、生きるか死ぬかの病気と闘ったことの成果です。

病気があったからこそ、今の有意義な人生があります。これまでもすべての願いを叶えてきています。どんどん願望を叶えてやりたいことをしていくつもりです。これからの人生がとても楽しみです。

ずっと入退院を繰り返し、病気と闘っていた時の私にとっての唯一の心の支えは、ともに暮らした犬や猫たちでした。

価値観は人それぞれです。人によっては、犬や猫なんてどうでもいいと思うでしょう。でも、私は、彼らがいて助け合ってきたからこそ、今の元気で生きている自分がいると確信しています。

彼らは本当に純粋で、人を裏切るなんてことは絶対になく、ものすごい生きるエネルギーを持っていて、体当たりで命の大切さを身をもって教えてくれました。

病気になっていなければ、潜在意識の活用なんて考えることもなく、何も深いことなんて考えないで、今の自分の生活とは全く違った生活をしていたでしょう。このような本も書くことなんてあり得ませんでした。

私は、今の生活に十分満足をしているので、今となってはこんな難病に罹ったことに感謝をしているくらいです。

でも以前、こう言った人もいました。

こんな病気にならなかったら、もっと早くから楽しい生活もできたんじゃないですかと。

病気自体は不可抗力で、好きでなったのではありません。それは病気をして苦しんだことのない人のセリフです。人一倍苦しんだからこそ、簡単に物を言うこともなくなりました。病気を乗り越えたからこそ今の有意義な人生を送っているのだと自信をもって言えます。

だから「今、自分の目の前に起きている事象自体には運が悪いも良いもない」ということになるのです。

今、目の前に起きている事象をどう解釈するかは自分次第です。

肯定的に受け止めて、その後の糧にするか、否定的に受け止めて、堕ちてくさってしまうか。目の前に起きた事象を「運が良いこと」と決めるのは自分次第なのです。

人生はオセロゲーム、まっ黒いコマを一手でまっ白に変えられる

生きていく上で、逆境に立たされた時にはどうしようもないことが起こってくるもの。不幸を幸せに変えていく考え方として「人生はゲーム」と捉える方法があります。

人生は横一列のオセロゲームに例えることができます。

仮に生まれた時が真っ白〇、人生での悪いこと、苦難や失敗など不幸なことを●、

人生での良いこと、喜ばしいことや幸せなことを○とします。生まれたのが白色で、その後、白か黒か、何かが起きるたびに横に横に、置かれ続ける。失敗●、成功○、失敗●、成功○……があってこその人生。

人生には、幸せなこともあれば、不幸なこともあります。人生もちろんいいことばかりではないから、黒●はどこかでやってくる。

オセロゲームのルールは○●●　この段階で次に○が来ると○●●○全部が○になるのです。○○○○

要は、○●●●●●●●●の次に○になることがあれば、○●●●●●●●●○

あなたの人生は全部の●が○に変わって○○○○○○○○○。すべてまっ白になります。

人生すべて真っ黒になっていても、ある時それが何かをきっかけに真っ白に変わる時がある。だから今経験している●のことは、勉強であり、こんなことにならないように習得し、最後に○にすればよいのです。

誰しも人生お先真っ暗になって、全てを悲観せざるを得ないような、とても悲しいこともたくさん経験するかもしれない。あれもこれも上手くいかない。不幸続き……。それはオセロゲームに例えると全部黒いコマ●に侵略されている状態。

黒ばっかりが続くオセロだったとしても、いつか白が置かれる時が来る。タイミングを見計らってひっくり返すような周到な準備が必要なのです。人生あきらめたらいけません。人生の黒いコマ●が白いコマ○になるチャンスはいっぱいあります。

生きる希望を持って生きていたら、全部白にひっくり返る瞬間がある、そう信じて生きていきましょう。

今まで黒いコマ●ばかりでも、たったひとつの白いコマ○で、がらりと全てが白いコマ○に裏返ってしまうことがある。辛く苦しいことが続いている時は、その苦しさが永遠に続くように感じて、絶望してしまうかもしれませんが、実はその次の一手がすべてを裏返すきっかけになるかもしれないのです。

途中でゲームを止めず、降伏せず、諦めることなく続けると、きっとこういう局面

が訪れるはずです。○●●●●●●●●●●

その端に白いコマ○を置けば人生は一転して感動に変わるのです。

だから決してゲームを最後まで投げ出さないで欲しいのです。嫌なこと辛いことを経験するとどんどん黒いコマ●が置かれていく。でも、人生のどこかで白を置くことができれば、それは、人生の最後でもいい。それでも、最後に、白いコマを置くことができれば黒は、全部白に変わる。

なぜなら、その白いコマは、黒いコマが続く苦しみや悩みがあったからこそ置くことのできた白いコマだからです。その白は、すべての黒に支えられた白なのです。つまり黒が多いほど、より多くの白になり、人生の最後であったとしてもあなたが成功することで、あなたの今まで経験した辛かったことも全部必要だったことが分かります。

私はオセロゲームが大好きです。特に真っ黒いコマ●を一手で真っ白に換えていくのがいいのです。真っ黒になっているのを真っ白に換えていくようにする。

それは努力と行動次第で何とかなるもの。もちろんそうなるようにずっと信じ続けていることが大事です。

「諦めなければ、夢は必ず叶う」のです。

何があっても最後の最後まで自分を信じて諦めない人が最後には人生に勝つのだ。

私はそう信じています。

「人間万事塞翁が馬」のことわざのように、幸不幸は予期できず、何が福に転じるかは分からない。だから、自ら変えようとしなくても、希望を持って生きていけば良い流れに乗って人生は変わっていくものだと思います。自分の思い通りにならないことも、思わぬよい出会いが、いい変化に結びつくこともあるはず。

ゲームの最中には、望み通りにいくことも、望み通りにいかないこともあります。成り行きに一喜一憂して、落ち込んだりせずに最後まで勝利を目指します。ゲームにも、人生にも、良い時と悪い時、運不運があります。

幸運は大いに喜び、不運はそのまま受け入れ、その先のことをどうするかその時に考えればいいのではないでしょうか。

ガネちゃんと語る私の「人間万事塞翁が馬」の話

ガネちゃんと頂き物のどら焼きを食べながら、私の「人間万事塞翁が馬」の体験話をしていました。

「人間万事塞翁が馬」で思い出すのは、今から約二〇年前、私が大学院の修了前の時のこと。父が心筋梗塞で倒れて、近くの病院の集中治療室に入院していました。倒れて入院するまでは、父は車で大学の送り迎えをよくしてくれていました。

当時の私は、白内障で目が悪くて車の運転をしておらず、電動自転車で大学と病院に行っていました。

悲劇はここから始まります。

倒れた父がどうなるか分からないからと、早めに修士論文を書き上げて、お見舞いの帰りに大学へ論文をもっていく途中、交通事故に遭ったのです。頭蓋骨骨折に右側の鎖骨と肋骨が全部折れて意識不明。

救急車で、父がいる病院に運ばれて、私も同じ集中治療室に運ばれる羽目に。すぐさま頭の手術をしてもらったそうですが、全然意識がなく、あの世で亡くなった猫と遊んでいるといった状態でした。それから、その猫に突き落とされて、あの世からこの世に帰ってくるということになったのです。

目を開けると、ものすごい頭痛に吐き気。顔は傷で滅茶苦茶。右肩の鎖骨は折れて肩から骨が飛び出し、肋骨は全部折れていて息をするのも苦しくて、本当の地獄でした。

それから鎖骨の手術もして、なんとか動けるようになったことから、一カ月後には退院させられました。


それからさらに地獄は続きます。

父も寝たきりでしたが、どうしても家に帰りたいという希望で家に帰りました。しかし、それから二週間後、再び心筋梗塞の発作が起こって私の目の前で亡くなってしまいました。

父は、家に帰ってこられたのが不思議なくらいの悪い状態でしたが、虫の知らせか亡くなる最後の一週間は驚くくらい元気で、車に乗って銀行に行き色々な物を解約したり、貯金をおろしたり、今思えば、亡くなる準備をしていたのでした。


亡くなる前日、「お前は、病気ばかりして、事故にまで遭って本当に可哀想や。でも人間はどうせ一人なんやから、頭を使って資格でも取って生きていくようにしなさい」と、笑って言ったのを今でも鮮明に覚えています。

もうあの世に引っ張られていたのか、透けて仏様のような顔に見えました。その次の日の朝早く、父は亡くなってしまいました。


交通事故の後、髪も手術で剃られて丸坊主、顔も怪我でぐちゃぐちゃになった私を見て、可哀想と言いながら笑って心で馬鹿にしている人たち。

父が亡くなって通夜とお葬式の時も、みんな私の酷い姿を見て笑っていた。大丈夫ですか、の言葉もない。父が亡くなっても、みんな笑っている。何がおかしい？　私が、あまりに笑う人に怒鳴りかけると、みんなは私が事故で頭がおかしくなったと罵った。

最後のお葬式くらいは、静かに見送って欲しかった。

頭蓋骨骨折以降、さらにリアルに見えないはずのものが見えてしまうようになってしまっていた。そのために、人の心が全てお見通しとなってしまい、人間の心の醜さに嫌気がさしていた。私は、父の葬儀の後から、人間不信の塊で外にも出ることなくひきこもるようになりました。

亡くなる前の父の言葉で気象予報士試験に合格

そんなある日、当時飼っていたプードルのプーちゃんと外に出ると、父が植えていた木がほとんど枯れていることに気づきます。手入れをしなかったり、水をやらなかったり、色々な原因があるのかもしれませんが、主が亡くなったら、植えた植物も一緒に枯れてしまうというのはよく聞きますね。

そこで、リハビリも兼ねて、木を植えていくことにしました。なんとなく、紫陽花《あじさい》をたくさん植えることにしました。木を植えていく作業とともに、心に陽のエネルギーがみなぎって、だんだん元気になってくるのが分かりました。


それから春になって、父が言っていたことを思い出しました。

「資格でも取って頭を使って生きていきなさい」

父は、自分がいなくなって私が一人になることを心配していたのでしょう。

大学院は、論文があったのでそのまま修了させてもらえましたが、家にいて先のことは何も考えていませんでした。

その時、受験して学科試験だけ合格していた、気象予報士試験が夏にもあることを思い出しました。実技試験を受けるだけですが、当時合格率五％くらいとかなりの難関でした。でも、せっかくなので勉強してみることにしました。

完全に独学でしたが、やってみると面白くて気づけば必死に勉強していました。大学院の時は、試験勉強の時間なんてありませんでしたが、その時はいくらでも勉強する時間があるので、短期間で試験問題もかなり解けるようになってきました。運気の流れに乗ってきた感じがしてきました。

しかし、気象の勉強は幅広く、得意な分野も不得意な分野もありました。私は、台風の問題が特に好きで、冬型の気圧配置などの問題は苦手でした。

試験の日が近づいてきました。あと三日後に試験という時に、近づいてきていた台風情報を見たら、試験日に九州、山口県は台風が思いっきり直撃でした。福岡のホテルも予約がいっぱいでした。その時心に決めました。台風が直撃したら新幹線も動かないので、今回の気象予報士試験はあきらめようと。

その後、恐ろしいくらいにツキが巡ってきたのを覚えています。

なんと、台風の移動速度が遅くなってきて、直撃が一日遅くなったことから始まります。そのため、試験は予定通りにありました。

そんな幸いな中、実技の試験問題を見てびっくり。なんと、実技試験一と二のどちらも、思いっきり台風の問題ばかりだったのです。これには驚くばかりでした。

運命の女神は微笑んだ。自分でも、パーフェクトにできたことを覚えています。

無事に試験を終えて帰ってきた次の日は、もちろん台風が直撃で新幹線も止まって動きませんでした。

合否通知が来ました。もちろん合格。登録し、晴れて気象予報士になれました。当時の西日本では六一二人中一六人だけが合格と、極めて難関でした。

台風が一日ズレていなかったら、試験問題が台風でなかったら、いずれにしても合格なんてありえませんでした。運気の流れにのってツキが重なってツキまくって合格できました。

この合格はツキしかなかったと、ツキの存在を身をもって確信しました。それからは、何事もツキを大事にして生きていくことで、人生がとてもうまくいくようになりました。

交通事故で頭蓋骨骨折で意識不明ながらも、回復して、約半年で気象予報士試験に合格。試験の時は、まだ髪の毛が生えそろっておらず、帽子をかぶって試験を受けたことを思い出します。

気象予報士試験の時に、「ツイている、いやツキまくっている」ことを実感できたといえます。台風が一日ズレた時点で、神風が吹いてきた。これはいけるぞと思ったことも勝機に繋がったといえます。ツキがなければ、どこかで一つでも何かが成り立たなかったら、合格なんてありえませんでした。私は心より感謝しました。

父が最後に言ってくれた言葉がなかったら、生きる気力もなかったので試験すら受けなかったと思います。


気象予報士の資格を持つことで、当時は女性がいなかったことから、色々な場面で活躍できました。

交通事故に遭って三年後に博士課程に入ることにして、また大学に行けるようになって、社会復帰しました。自宅療養の時に植えた紫陽花が祝福してか、きれいな花を

たくさん咲かせました。生きていて努力したら、必ず実るんだと実感した瞬間でした。

「最後まであきらめんと、よう頑張ったのう」

気象予報士試験のことを話し終えると、ガネちゃんがこう言いました。

「人間万事塞翁が馬ということわざは、まさにこのことじゃな」

「交通事故で意識不明の重体はつらかったですけどね」

と私が言うと、ガネちゃんはすかさず言いました。

「でもようく考えてみろや。家でリハビリ中にゆっくりする時間があったからこそ、人生をやり直せたんじゃないんか？」

「そう考えたらそうかも。そのまま、また大学に行っていたら、資格試験の勉強の時間なんて忙しくてないからあきらめていたかもしれないね」

ガネちゃんは庭を見つめて、

「その時植えた紫陽花も、今はたくさん花が咲いて庭が綺麗になったしのう。毎年大きくなってたくさん咲いて、ますます見ごたえあって、元気をもらえて幸せますじゃ」

と言いました。

「父が亡くなって、悲しむように、庭の木が全部枯れてしまったから、全部紫陽花に植え替えてよかった。白い紫陽花の群列が弔いのお花みたい」

「お父ちゃん、あの世で喜んじょるぞ」

そして、ガネちゃんは私に向かって微笑んで言いました。

「最後まであきらめんとよう頑張ったのう！」

その顔が父の顔に見えて、なんだか涙があふれてきました。

私は、ツキを信じて、またこれからも頑張って生きていけそうです。

第5章

ツキの性質を知って引き寄せる

ツキは伝染する――朱に交われば赤くなる

「ツキは伝染する」という性質があるのをご存じでしょうか。

松下幸之助さんの有名な言葉に「ツキたければツイているものと付き合え」という教えがあります。ツキは人を介して伝播していくと言われているのです。

ツキというものは、伝染するのです。だから、ツイている人と付き合うようにしてください。

あなたの周りに、もしかしてツイている人がいないとしたら、ツクはずがないのです。ツイていない人とは関わってはいけません。直ちにツイている人を探しましょう。

ツイている人と一緒にいることが、どれほど大切なのか、「朱に交われば赤くなる」ということわざが示しています。

ツイている人々が周囲にいると、そのツイている雰囲気が伝染して、自然と自分もツイてくるようになるのです。

反対に、ツイていない人に関わると、自分までツキがなくなってしまい、何だか良くないことや、トラブルが立て続けに起こったりすることは、よく聞く話です。

世の中の現実を見ても、ツキのある人の周りにはツキのある人が集まっており、ツキのない人の周りにはツキのない人が集まっています。つまり、運がいいツイている人は自分と同じか、それ以上に運のいいツキまくっている人同士で集まるのです。

運気にはある特徴があります。

それは人と会ったり、集まったりしている時に、強い波動を放っている人の影響を受けやすいということです。

例えば「運のいい波動を強く放っている強運の人」とご飯を食べたり一緒に話をしたりしているだけで、エネルギーがチャージされたような感じで、運気が軌道修正されていき、不思議とツキがめぐってくるようになり、思わぬ素晴らしいひらめきや大切なヒントが突然降りてきたとか、やることなすことなんだかいつもツイていたりとか。

強運体質な人や、あなたが憧れるような人に影響を受けることで、あなたの運も良い方向に変化します。

ツキを引き寄せる方法としては「強運体質な人と接触する」ということがとても大事なのです。

「強運な人」の分かりやすい特徴としては、やることなすことツキまくっていて、今すでに幸運の流れに乗っている人です。

実は運の流れに乗るには、すでに幸運の流れに乗っている人がやっていることや、その人の習慣を見て、見よう見まねでもそこから学ぶことが一番早いのです。

強運な人と一緒にいれば、その人の良い運気をあなたも受け取れるようになります。

そのため、運が良い人に話しかけ、仲良くなってみてください。

「類は友を呼ぶ」と言いますが、あなたが何の行動も起こさなければ、あなたの運の質に合った友と運を引き寄せてしまうのです。ですから、もしも現在のあなたが、運が悪いと自分で感じているのなら、運のいい人と一緒にいるようにする、その人の行動や言葉、考え方、しぐさなどの振る舞いをお手本にするのが、開運への近道だと言えます。

ツキの悪さも伝染する

「ツキは伝染する」、この言葉には実は大きな意味があります。

それはツキの良さもですが、ツキの悪さも伝染するということがこの言葉の裏に隠されているからなのです。

ツイていない人とお付き合いすると、自分のエネルギーは流れてしまい同化融合するので注意しないといけません。ツキのない人と一緒にいると、それだけでツキや運がなくなります。

それは、知らないうちに自分もツキのない考え方や感じ方になってしまい、ツキからどんどん見放されてしまうからです。

運の悪い波動を強く放っている人のそばにいると、なぜか自分もイライラしてきたり、気分が落ちてきたり、ツイていないことが起こってきたりと、不機嫌が伝染してくるということが多々あります。

ツイていない悪い運（悪い波動）を放っている人は、周りの人を不機嫌にさせたり、良いエネルギーを消耗させたりして、周りの人の運気までも下げていく可能性があります。

運を引き寄せたいならば、できるだけ運が悪いと思うツイていない人と付き合わないことが賢明です。ネガティブな思考が移ってしまうと、ネガティブなオーラに汚染されていき、目の前のチャンスにすら気がつけなくなってしまうのです。

ツキから見放されている人、皆さんの周りにもいませんか？　グチや人の悪口や暴言などネガティブなことばかりを言っているような人こそが、ツキのない考え方や感じ方をしており、ツキのなさ、運の悪さを他人に伝染させている元凶なのです。だから、ツキのない人は避け、なるべく関わらないようにすることがとても大切なのです。

成功している近しい経営者に興味深い話を聞いたことがあります。「ツイてる人としか会わない。ツイていない人とは絶対に会わない」と語るその社長が、「今ツイている人でも、ツイていない人に会うと必ず伝染してしまう。ツイていない人と握手なんてとんでもない。エネルギーを吸い取られてしまうぞ」と言っていたことを印象的に覚えています。

でも実際そうなので、ツイていない人と関わると思いっきり運気が急下降するのです。

つまり、スピリチュアル的に判断するとオーラの融合です。ツイている人には、素晴らしい輝くオーラがあり、その人と会ったり、食事をしたりすることでオーラが溶け合って融合するのです。

ツイている人の行動や考え方を真似してみることが近道

ツキのある人は、運気を下げるツキのない人が本質的に嫌いです。だからツキのある人と付き合うには、まずは自分が変わる必要があるのです。

また、ツイている人を、自分も運気が良くなる利用価値がある人、と捉えてはいけません。相手を、社会的地位や家柄・容姿・学歴など自分にとって利用価値があるかないか、得か損かといった打算的な視点のみで判断して行動をとると、自分の徳が無くなってしまい、とんでもなくツキが落ちてしまうことでしょう。

運の強いツイている人とご縁ができるためには、引き寄せの法則により、自分も同じような高さの波動である必要があります。自分も精神レベルを高めて、波動を高くするように努めていく必要があるのは、言うまでもありません。

ツイている良い運（良い波動）を放っている人は周りの人の運気を引き上げ、その人が本来持っている魅力や能力や才能を自然と引き出していくことができるようになります。

ツキのある人々と交わっていると、何かしらツキが自分の方にもやってくるもの。今、成功している人たちは、皆、ツイている人です。富が欲しかったらお金持ちと、地位や名声が欲しかったらその道の成功者といった、自分が良いと思った人たちとできるだけ接触する機会を持つことが大事です。

ツキを自分に伝染させたい時は、ツイている人や今成功している人と食事に行くことでエネルギーをもらえます。もし、身近にそんな人がいない時には、パワーのある成功者を囲む食事会やセミナーやコンサートでツキをもらってください。そんな所でエネルギーやツキは伝染するのですよ。

コロナの影響もあって、もし直接的に会えないなら、それらの人の書いた本を読んだり、オンラインやYouTubeなどで動画を見たりして、その人の話を聞くだけでもその効果があるのです。

しかし、可能ならば、成功者と直接会話できるような境遇に自分の身を置くことが大事です。もし、そのようなチャンスを得たとしたら、それは、自分にとって成功への道を一歩踏み出したことを意味するのです。


運が良くなるためには、ツイている人の行動や考え方を、素直に真似してみることが近道です。スポーツや色々な習い事でも、最初は先生の動きやお手本を見よう見まねで練習しますよね。それと同じような感じです。

成功している強運な人のちょっとした仕草や言葉遣い、他の人への接し方などを真似してみませんか。真似するって、良くないこと、卑しい行動ではありません。とにかくしばらくやってみましょう。

その間にあなたの周りにいる人が変わってきていたら、あなたの運は変わってきているはずです。そして、そう気づいた時には、あなたは運のいい人の仲間入りをしているのです。何事もやってみなければ始まりません。宝くじは買い続けないと当たらないというのと同じです。
運が良くなる行動を起こしたあなたには、それ以上の幸運が訪れるはずですよ。

自分と同じ波動のものが同調して、自分の方に引き寄せられる

人と言葉を交わす前から、一瞬で他人の雰囲気を感じることってありませんか？「この人は悪い嫌な雰囲気があるな」「この人はいい感じだな」など、第一印象の直感はとても大事です。これは、相手が出している波動に、あなたが影響を受けた結果なのです。

簡単に言えば、良い雰囲気を感じればそれは波動の高い人、悪い嫌な雰囲気を感じればそれは波動の低い人、ということになります。百聞は一見に如かずなのです。

波動の高い人は、幸せ、豊かさ、嬉しい、好きだ、楽しいなどの〝幸せな感情〟に基づくポジティブな高い波動を出しています。

波動が高い〝幸せな感情〟によって、同じように波動の高い出来事であるお金、物、情報、幸運などを引き寄せ同調します。

反対に、波動の低い人は、恐れ、不安、怒り、憎しみ、妬み、不平不満などといった〝不幸な感情〟に基づくネガティブな低い波動を出しています。

このような感情の特徴は波動の低さなので、先程とは真逆で、同じように波動の低い人、お金のトラブル、病気　物、情報、不幸な出来事などを引き寄せ同調すると言われています。

自分自身にも「波動」があって、なにかを発したり受け取ったりしていることを考えると、この「波動」を整えて良い状態に保っておくことが、良い波動を引き寄せて、良いことにつながっていくと分かります。

全てのものは、みんな波動を出しています。そして、自分から出ている波動と同じ波動のものが同調して、自分の方に引き寄せられるのです。つまり、自分の器に相応しいものしか、やって来られないというわけなのです。波動を上げることに躍起になるよりも、波動を下げないことのほうが大事なのかもしれません。

自分の周辺にいる人たちについて考えてみてください。

周りにいる人たちは、全員自分の鏡であると言っても過言ではないのです。その人たちは、自分の中にあるものと同じものを必ず持っているから、側にいるのです。

家族でも、友人でも、みんなそう。自分と同じ波動を持っている人が寄って来るのですから、周りの人は全員自分の鏡なのです。いわゆる鏡の法則です。

このように、自分から出ている波動と同じものを引き寄せているのですから、起こることは全部自分のせいであって、人のせいにはできないということです。

人が大きく変わるための方法の中に、付き合う人を変えるというものがあります。

運がいい人の周りには、その人同様に運のいい人が集まります。運がいい人たちは、影響しあって、ますます幸運の磁場を強めていくのです。まさに良い運を持つ「似た者同士」の波動同調の法則です。

運気というものは目には見えませんが、良い運気を持つ人は、見えない磁石で引き寄せられて集まるようにできています。ですから、運がいいツイてる人になるためには、運のいい人と一緒にいるのが、最速で最良の方法なのです。

ただ、あなたの運気が悪いとしたら、運のいい人とのご縁は続きません。それは、似ていないから、ただそれだけなのです。今まで述べた波動同調の法則により、運のいいツイている人たちとは仲良くできません。

運がいい人の周りには、なぜか清らかな気が流れており、不思議と明るく笑顔が多いはずです。その空気に触れているだけでも、自然とあなた自身の考え方や行動が変わってきます。

その結果、運のいいツイている人とのご縁が続いていくようならば、あなた自身も運のいい人になり始めている証拠です。気付いたらあなた自身が超運がいいツイている人になって、良い波動を放っていて、他の人から、一緒にいたいと思われる存在になっているかもしれませんね。

ツキは人間関係を媒介として人から人へ伝播していく

ツキは人を媒介してやってきます。

ツキとは、エネルギーの流れのようなものであり、人脈を通じて人間関係を媒介として人々の間を行き来して、人から人へ伝播していくという性質があります。

つまり、ツキというエネルギー体は、人を媒介として流れていき、訪れたり去ったりするものなのです。私たち人間は常に、エネルギー的に影響し合っています。気やエネルギー、そして運は、波動が高い所から低い所へ流れるという性質があります。なので、あなたが人に対してどのようなオーラ（雰囲気・波動のようなもの）を出しているのか、ということがとても重要になってきます。

ほとんどの人は、第一印象で瞬間的にその人のオーラを感知し本質を見抜いて、その人に対する対応を変えていきます。

その後の接触の深度、頻度によって印象は変ってきますが、最初に瞬時に抱いた印象は潜在意識に残っているはず。それぐらい、第一印象のインスピレーションはとても大事なものなのです。

というわけで、幸運体質になりたければ、自分のオーラ（波動）を良くしていかなくてはいけません。

ツキには、「金運」「愛情」「信頼」「健康」「仕事」「地位」など様々な種類がありますが、いずれも相互に関連して連動しています。ツイている状態の時に、例えば、人から信頼を得たことから仕事面で成功し、社会的な地位を得たことで、その結果としてお金も入ってくるなど。

このように、ツイている時には、単独ではなく、相互に関連して連動して起こりうるものなのです。やはり、人を介することで、相互に関連して起こっていることが分かります。

願望をどんどん実現していく人は、必ず人を大事にしています。そして、その人自身も、人にとても好かれていることがよく分かります。人に好感をもたれて好かれることによって、次々と良い人脈ができてきます。

そして、自然にたくさんの人が寄ってきて、気付いたらものすごい種類の人脈に波及しているかもしれません。結果として、たくさんの人脈を通じて、人から人へ伝播することによって、必然的にツキも寄って来るといってもいいでしょう。このように、人を大事にすることで、ツキがツキを呼んで、確実に運を上昇させていくのです。

反対にいつもツキを逃がす人は、人の心をつかむことができず、簡単に人が逃げていくようなことをする人物といえるでしょう。

ツキとは心の想念のエネルギーの流れ

ツキというものは、どのような形で存在しているのでしょうか。ツキは、心の中にある想念のエネルギーの流れのようなものだと把握してもらうと、理解しやすいと思います。

心の中を占める想念のエネルギーとは、人それぞれが持つ心の状態といってもよいでしょう。その種類は、大きく分けて、温かく肯定的なものと冷たく否定的なものとに大別することができます。

これまで述べてきたように、心の中にある想念のエネルギーは、人間関係を媒介として、人々の間を伝播して行き来します。周辺の人間関係から自分に向けてやって来たり、反対に自分から発した想念のエネルギーが周辺の人間関係に作用して、反射してまた自分に返って来たりします。

周りの人間関係が、温かく肯定的なもので占められていれば、反射して自分に向かってくる想念のエネルギーも肯定的な良い波動をもち、ツイている状態になりやすいのです。

反対に、周りの人間関係が、冷たく否定的なものであれば、自分に向かってくる想念のエネルギーも否定的な悪い波動をもち、ツイていない状態になりやすいのです。

結局、ツキを呼び込むような状態にしておくには、心の中をいつも明るく穏やかにして、陽のエネルギーを保つようにしていないといけません。

表情というものは、人の感情のあり方をよく反映します。このため、顔と声の表す表情は〝ツキ〟と大いに関係があります。

ツキは、眼には見えず、聞こえませんが、声と顔の表情が人に与える印象の力というのは大きいものです。そして知らず知らずのうちに、相手に与える力がとても強いのです。

顔と声の表す表情の種類は、心の中を占める想念のエネルギーのあり方によって、肯定的な陽気なエネルギーを持つものと、否定的な陰気なエネルギーを持つものとに大別できます。

陽気なエネルギーはツキを呼び込み、陰気なエネルギーではツキは逃げていくでしょう。このように、ツキに恵まれたり見放されたりという感覚は、やはり自然と顔と声の表す表情にはっきり表れてしまうものなのです。

例えば、常に他人の悪口を言って非難ばかりする、冷たい心の想念の持ち主の顔と声の表情の相は、尖った口調でいつも眉間にシワがよってしかめっ面になっているものです。

どす黒いオーラを放ち、陰気で怖い感じのイメージを人に与えるようになってしまうでしょう。やがてその陰気な気質は習慣化してしまって、自然とその人の顔と声の表情の一部となってしまうのです。こんな陰気な表情をいつもしていたら、明らかに周りから人が遠ざかってしまいます。

陽気な心の持ち主であったとしたら、想念のエネルギーも肯定的な良い波動を持っています。このような人は必ず人に好かれていて、相手に好感を持たれることによって、良い波動を持つ人が集まって寄ってきます。

その結果として、人を媒介として、自分にツキも寄って来るといってもいいでしょう。

したがって、自分自身にツキを呼び込むには、顔と声の表す表情、つまり自らの感情をよくコントロールする必要があります。笑顔で明るく肯定的な陽気さを、いつも心に持ち続けるように心がけて、否定的な陰気さを取り去ることが最も重要となります。

いつも声も元気で生き生きと良い表情をしている、陽の波動のエネルギーをかもし出している人は、神にも愛されています。神も味方にして、ツキも巡ってきて、必ず幸運が訪れてくるものなのです。

「天は自ら助くる者を助く」という言葉があるように、自分の心の中をいつも楽しく幸せな思いで満たしている方に、幸運は必ず訪れてくるのです。したがって、幸運をもたらす奇蹟とは、自分で作り出すものといっても過言ではないのです。

人に施すことで相手も救われ、自分も徳を積んで強運に

「分け隔てなく施す」という意味で使われる仏教用語「布施」には、大きく分けて次の三つがあります。

●財施《ざいせ》………お金や衣食などの物資を必要とする人に与えること
●法施《ほうせ》………相手の心に安らぎを与えること、精神面で尽くすこと
●無畏施《むいせ》……恐怖や不安などを取り除いて、安心させること

お布施と聞くと、葬式や法事の時にお寺や僧侶の方に渡す金銭のことを思い浮かべる人が多いかと思います。

お布施とは、「分け隔てなく施す」という意味で、仏教における重要な修行の一つです。

それができない場合の布施として「無財《むざい》の七施《ななせ》」というものがあります。

これは、地位や財産がなくても、心がけひとつで誰でもいつでもできる七つの布施

のことです。世の中には、施すべき財もなく、教える智慧もなく、ましてや人様の心の不安などを取り除くことなどできない。そういった人の方が断然多いもの。

それでは信仰があっても、仏教の実践など到底できないことになってしまいます。

しかし、「雑宝蔵」というお経の中で、釈尊は「財力や智慧が無くても七施として、七つの施しができる」ことを教え示されておられます。無財というのは、費用も資本もそして能力も使わないで実行できる布施のこと。

お布施は、「施しを必要としている人が、施しを受けることによって救われる」という意味もありますが、実は「施しをすることによって、施しをした人の方が幸せな気分になれる」ものなのです。


では、具体的にその内容をお話しましょう。

その七つの布施とは、

①眼施（慈眼施）

慈《いつく》しみの眼《まなこ》、優しい目つきですべてに接することである。人に対して優しい眼差しを向けることです。「目は心の窓」といいますが、目にはその人の心が現れるもの。笑みをたたえた優しい眼差しは幸運を招く大きなポイントです。

②和顔施（和顔悦色施《わがんえつしきせ》）

いつも和やかに、おだやかな顔つきをもって人に対することである。いつもおだやかな人には幸運はやってきますが、難しい怖い顔をしている人に幸運はやってきませんね。

③愛語施（言辞施）

ものやさしい言葉を使うことである。しかし叱る時は厳しく、愛情のこもった厳しさが必要である。思いやりのこもった態度と言葉を使うことをいうのである。前向きで建設的な言葉をかけること。人に対して暗い言葉を使うことなく、明るい言葉を使うことです。

④身施（捨身施）

自分の体で奉仕すること。模範的な行動を、身をもって実践することである。人のいやがる仕事でもよろこんで、気持ちよく実行することである。これは、人のために身体を使うことをいいます。友人の引越しを手伝ってあげるとか、重たそうな荷物を持っているご老人、妊婦さんなどがいたら運んであげたり手伝ってあげたりするということです。

⑤心施（心慮施《しんりょせ》）

これは、相手を思いやる気持ちを持つこと。「他人事だから」といって冷たい対応をしないことです。常に相手の立場になって考えてあげることです。自分以外のもののために心を配り、心底から、共に喜んであげられる、ともに悲しむことができることです。

⑥**壮座施《そうざせ》**

分かりやすく言えば、座席を譲《ゆず》ることである。これは、自分の席を他人に譲ってあげることです。疲れていても、電車の中ではよろこんで席を譲ってあげることをいう。また、自分のものを快く他人と分かち合うという意味もあります。さらには、自分のライバルのためにさえも、自分の地位をゆずっても悔いのない状態でいられることです。

⑦**房舎施《ぼうしゃせ》**

舎施とは、困っている人に対して、宿を貸してあげるという意味のようですが、今の時代には困っている人を助けてあげるといった方がピンとくるでしょうか。雨や風をしのぐ所を与えること。たとえば、突然の雨にあった時、相手に雨のかからないように傘をあげるなど、思いやりの心を持ってすべての行動をすることです。

以上が無財の七施です。すべて仏の立場に添った慈悲の実践なのです。

ここにあげた七つの「施」は特段凄いことではなく、学校の道徳で教えないくらい、身近で当たりまえのことかもしれません。どれも日頃から人に対して思いやりの心をもっていれば、実践できることではないかと思います。これらは、すべてお金がかからない善行に基づく陰徳を積むということにほかなりません。

この七つの「施」を日々心がけて行っていれば、その善行を行った人の放つオーラは確実に変化してくるはずです。そして、自分にも因果応報で返ってくるはず。

強運になるためにも、人のために何かを施すというのは必要条件になります。自己中心的な欲張りな人の所には、強運は来ません。強運が好む人というのは、人のために苦労を惜しまない人。他人に優しくすることができる人です。

他人のために動ける人になることで、強運を手に入れることができるのだということです。

また、自分の身近な人を大切にできる人の所に強運はやって来ます。強運を手にする人は決まって、人を思いやることができる優しい人。そういう人は、運を独り占めしようとせず、幸せを周りに分けてあげようとする人が多いですよね。

そういう優しい人の所に強運はやって来るのです。

この七つの「施」には難しいことは含まれていないので、誰でも今日からできることです。

幸運体質になりたければ、今日から早速意識して始めてみませんか。現代のようにコロナ禍で悪い時代でも、心がけ次第では、いくらでも幸せに暮らすことができるはずです。お金をかけずに、人に施すことによって、相手も救われて、自分も徳を積んで強運になれる絶好のチャンスです。

相手の自己重要感を高めることでツキを引き寄せる

強運体質には絶対必要な、ツキを引き寄せるとても大事な行動とは何でしょうか。それは、相手の〝自己重要感〟を高めてあげることです。

どんな人でも、自分を認めてほしいという気持ちがあるもの。相手に自分は重要視されている、周囲の人から認められているという感覚、そして自分自身の存在を肯定

する感覚、これを自己重要感と呼びます。

これこそが人が生きる上で、また社会生活を営む上でツキをつかみ取るための大きな要素となります。


人は自己重要感を認めてくれる相手に好感を持つもの。反対に、認めてくれない人に対しては嫌悪感を持ちます。時には認めてくれない人を無視するなど、攻撃的になるかもしれません。

周囲から魅力的だと思われているのは、相手のことを自然と高めて満たすことができる人物です。

たとえば素敵なバッグを持っている人がいたら、「そのバッグとても素敵ですね！」と素直に伝える。髪型を変えた人がいたら「とても似合っていますね」と褒める。試験に合格した人がいたとしたら「すごいね。おめでとう！　よく頑張った！　絶対受かるって思っていたよ」とすかさず評価する。

「もうだめだ」は「まだやれることがある！」
「疲れた」は「よく頑張った！」
など、些細なことでも前向きな言葉を選ぶような人は周りに及ぼす影響もポジティブです。もし、あなたに何か困ったことが起きたりミスをしたりして、ある人に相談したとします。

その人から「困ったなあ！　そんなんじゃもうだめだよ」ではなく「まだできることがある！　大丈夫だよ」と前向きな言葉をかけてもらえたら、落ち込まないでポジティブになり元気が出て、頑張れそうな気がしますよね。

周囲の人の気持ちやモチベーションをちょっとでも上げるように心がけてみませんか。ほんのちょっとした褒め言葉や癒しの言葉でも、その効果は絶大です。言われた方は一日気分良く仕事や生活ができるかもしれません。

自己重要感に満たされた相手のその気持ちは必ず形を変えてあなたに返ってくるのです。いずれにしても、相手を認め、気持ちを上げて楽しい気持ちにさせてあげる。

それを繰り返していくうちに、いつしか多くの人があなたの支援者、ファンになってくれることでしょう。

人の自己重要感を高めることができる人は、自然に大なり小なりの報酬であるツキ、そして幸運を受けることができるのです。

「魅は、与によって生じ、求によって滅す」

「魅は、与によって生じ、求によって滅す」

これは、『人蕩《ひとたら》し術』の中にある無能唱元《むのうしょうげん》禅師のお言葉です。

それは、他人に何かを与えれば、あなたに「魅《ひ》きつける力」は生じ、他人から何かを取ろうとすればその力は即座に消えてしまうということ。

つまり人の魅力は、与えることによって生まれ、求める（奪う）ことによって減退するというもの。その魅力は、与えるものが多ければ多いほど増え、求めようとすれば反対に減ってしまうという意味です。

無能師は、「人蕩し」とは人を「蕩然（とうぜん）とした気分」にすることだといいます。蕩然とは、他人によってよい気分にさせられる、いわば催眠状態にあること。その人蕩しの極意が、魅力なのです。

人を惹きつける魅力はどのようにすれば身に付くのでしょうか。

答えはとても単純なもので、魅力的な人になるためには、とにかく「与えればよい」というのです。無理する必要はなく、自分にできることで人に与えればよいのです。

人に与えるものはお金や物といった物質的なものはもちろんですが、物質的なものだけではありません。陽気な笑顔・相手を和ませる態度。温かく優しい気配り、元気付けられ、勇気付けられる言葉、ありがとうという感謝の言葉など、満足感を得られるポジティブな言動がこれに当てはまります。

「家がお金持ちだったから」「頭がよかったから」「努力家だったから」「もともとの才能・能力があったから」「容姿端麗だったから」などといった形から入って、元々環境が良くて上げ底のようなもので成功した人よりも、内面的なもので「人に好かれたから」成功した人のほうが、実際みると断然多いのです。そのくらい魅力というものは大切なことなのです。

魅力的な人は、自然と人を惹きつけ好かれます。人に何かを求める前に、まずは、与えていかなければいけない。いつもそういった気持ちで接していくと、自然と自分の周りには人が溢れかえって与えてもらえるようになってくるもの。ツキは人が運ぶ。だから魅力的な人はますますツイてくるというわけなんですね。

人に何かを与え続けられる人間になろう

自己重要感を満たしてくれる人は、「いつもニコニコ笑って、自分をまるごと肯定し、認めてくれる人」、「話を最後までよく聞いてくれ、この人と話してよかったと感じさせてくれる人」、「心の底からほめてくれる人」、「感動したり驚いたりしてくれる人」等々……。

『魅は、与によって生じ、求によって滅す』の言葉通り、人の魅力は、与えることによって生まれ、求めることによってなくなる。与えるものは好かれ、求めるものは嫌われる、ということですね。

反対に人の自己重要感を奪う人は、「いつも不機嫌な顔で、相手が間違っていると否定し、自分のことばかりを主張する人」、「人の話を聞かず、話をさえぎり、自分ばかりしゃべる人」、「すべてをけなしたり、自分の意見ばかり言う人」、「威張ったり、自慢話をして偉そうに振る舞う人」など…。

一番大事なことは自らに「幸福感」があるかどうかということで、自分の心が幸福感であふれていないと、人に余裕をもって何かを与えることはできません。心の幸福感は充実感からくるもので、自分の心がある程度満たされていないと、人を幸せにすることができません。

そういった人を幸せにできる人は、人間力があって人としての精神レベルが高いといえます。つまり、魅力とはその人の人間力を指すことになります。人間力の大きさ、人としての器が大きいほど、魅力つまり惹きつける度合いが大きくなっていきます。人に何かを与えることで、そして幸せにすることで、さらに魅力が上がる、つまり人間力が大きくなります。

反対に、幸福感がない人つまり人から幸せを奪う人は、心に余裕がないために人の話を聞くことができない。人に嫉妬したり恨んだりする。相手を攻撃したり、いつも悪口で人のせいにする。その悪循環で、どんどん魅力がなくなって人が去っていくのです。

自分が幸福感で満たされていくと、自信やプライドが自然と出てきます。そして必然的に余裕が出てきて、人に与えることができるはず。でも、気をつけなければいけないのは自信やプライドは絶対に人に見せてはいけないということ。人に見せた途端、鼻持ちならない人間になる。そして自滅していくと思ってください。

常に、自分に幸福感を充電して、人に何かを「与え続けられる人」になれたら素敵です。そしてそんなあなたは知らず知らずのうちに幸せになっているはずです。

陽なエネルギーの暖かい雰囲気の中にツキが芽生え幸運が育つ

人に好かれて人気者でツイている人というものは、やはりツイているオーラがありますよね。言葉では言い表せない人間的な魅力が必ずあって、なんとなく近づきたくなる吸い込まれるようなステキな雰囲気をかもし出しています。

ツキとは人脈を通じて生じそこに発生してくる、ある種の想念のエネルギー体のようなもの。人の心をつかむ人は、ツキに恵まれている人です。人に好かれる人というのは、必ず人を大事にしているものなのです。

ツキというのは、人を媒介として人々の間を伝播して行き来するものですが、人間的な魅力のある人に強烈に引き寄せられるという性質があります。陽なエネルギーの暖かい雰囲気の中には、ツキが自然に芽生えて幸運が育つものなのです。

そのような魅力がある人には、誰もがどうしても近づきたくなって、たくさんの人を知らず知らずのうちに魅了して惹きつけています。植物が太陽に向かって伸びていき、夜光虫も明るいところに集まってくるような感じです。このように人間的魅力のある人は、自然にたくさん人を引き寄せる結果としてツキも引き寄せて、幸運をつかみ取ることができるというようないつもツイている状態になってくるのだと思います。

いつもニコニコして笑顔を心がけているだけでも、生活に変化が訪れてくるもの。話しかけられやすくなり、人間関係がよくなり、ツキが舞い降りてチャンスに恵まれ、運がよくなり、運命が変わります。

へたなお守りより、笑顔になったほうが、もっと自分を守る効果があるのです。

ツキというものは、意識した時点で良くなってくるものであり、人生をどのように送っていくかは、本人の心がけ次第ということになります。結局、自分の意識で人生はどんな色にも塗り替えることができるのです。

また、もたらされるツキの多寡とそのスケールの大きさは、その人の持つ精神レベルの高さ、つまり人間力の大きさに見合った、人を惹きつける魅力のパワーの度合いによって決定するのだと思います。人間的な魅力が大きければ大きいほど、人を引き寄せるパワーも強く、それに見合ったスケールを持ったツキが巡ってくるのは、間違いありません。強力な磁石のように、人を惹きつけるような強い引き寄せの力によって、ツキを確実に自分の方へ持ってくることができるもの。

つまり、ツキは魅力という磁力によって自分に引き込むことができるということなのです。ツキとは、物質的な恩恵が自分の方に向かってやってくるという意味になります。もっと端的にわかりやすく具体的にいえば、お金やそれに付随する地位や名誉などが自分めがけてやってくるということになります。

そういった意味では、あなたは自分に魅力をつければつけるほど、あらゆるツキを自分の方へ向けることができる強運体質になれるのです。

つまり、人間力がある魅力的な人というものは、占いをしても、エステをしても、本を書いても、喫茶店を開いても、講演会を開いても……何をやっても人を惹きつけて成功することは間違いないのです。

何をやるか、ではなくて、誰がやるかが、成功の根本的な大前提ということ。つまり、やる人に魅力があるかどうか、そこが大事なのです。人間力がない人は何をやっても、魅力がないのでうまくいきません。

人間力がある人は、また会いたい、また話したいとなって、どんどん人脈が膨らんでいくもの。その結果、さらに運気が増して、ツキにツキまくっていくという、すさまじいほどの運気、つまり怖いものなしのさらなる強運体質になっていくということです。

混沌とした世の中でいかに相手に幸せを与えるか、施すかが大切です。

人から奪う人たちは、自然に淘汰されていき、何かをずっと与え続けられる魅力ある人、施し続けてきた徳のある人が残るでしょう。その人の持つ人間力が、すべてを決めるふるまいにかけられる時代がやってきたように思います。

ガネーシャが語る人間的魅力とは

もう最終章になって、夜遅くまで急ピッチで書いてたら、上からガネちゃんの声がしました。

「チョッと一服して、大判焼きを夜食に一緒に食べんかのぅ？」

私は、休んで大判焼きをガネちゃんと食べながら話をしました。

「ありがとう。幸せますじゃ。ところで今、何を書いちょるんか？」

「ツキを魅きつける魅力的な人について書いてます」

「世の中、魅力的な人もおるし、そうじゃないのもたくさんいるのぉ。ところで、魅力っていったいどういったもんなんじゃ？」

私はこれまで書いてきたことを答えました。

「魅力というのは、引力みたいな磁気的な吸引力があってツキを惹きつけるものらしいんです」

「そりゃあそうじゃの。魅力がないどうでもええ人には惹きつけられんから、だれからも相手にされんのは当たり前じゃな。惹きつける魅力がないと、何をやってても無理っちゅうもんじゃ。しょうがないのう」ガネちゃんは続けてしゃべりました。

「魅力ちゅうもんは、自分で気を付けて作り変えていけるもんなんじゃよ。いつも笑顔でありがとうって感謝の気持ちを言葉にしていたら、不思議と魅力的なオーラで包まれてくるんじゃ」

「そうですよね。日々の努力ですよね」

「相手の立場になって、今言葉に出して言っちょったり、しちょったりすることは、魅力があるんか？　すべての言動において魅力があるんかどうか？　ひとつひとつの発言が魅力的かどうかいちいち考えてみることが大事なのじゃぁ」

ガネちゃんは興奮してしゃべり続けてました。

「魅力的な答えをその時その時に考えて、いちいち実行しろと言っちょるんじ

ゃ。何かしてもらったら、ありがとうは当たり前。何度もクドいけど、人の親切には、まずは『ありがとう』と言わんといけんのは分かっちょるか」

「分かってます。いつもありがとうございます」

「何か食べ物を頂いたとするじゃゃ、それが好きじゃなかったとしても、すでにたくさんもらっちょったとしても、美味しかったですとか、食べたかったんですとか気を利かせて言わんといかん。それが、魅力のある発言なんじゃけーのう。分かっちょるか？」

私も同意して答えました。

「分かりました。でもそれって普通に考えても、何か嫌な顔されたり、馬鹿にされたり、自慢されすぎたり、失礼なこと言われたり態度に出られたら、二度とかかわろうと思いませんよね」

ガネちゃんは意味深なことを言い始めました。

「そうなんじゃよ。我々が出した波動は、宇宙が全部覚えちょって、いいも悪

いも、それがそのまま自分に帰ってくるんじゃ。それが何十倍にもなって、帰ってくるっちゅうことを忘れちゃあいかんよ。

人を大切にした魅力的な行為や発した言葉や波動は、宇宙に到達して、何十倍にもなって自分めがけてまた返ってくるんじゃ。このことさえちゃんと分かっちょれば、何をやっても、成功するんじゃけーのう。全てのものは、魅力のあるところに惹きつけられて集まるちゅう法則がある。だから人に好かれて社会で出世する人は、絶対に魅力的なんじゃよ」

「分かりました。まとめると、人間的な魅力がある、つまり人間力がある人には、引き寄せられて人が集まってくるもの。ツキは人脈を通してやってくるのだから魅力がある人には必然的にツキが引き寄せられるんですね」

ガネちゃんの言う通りなので賛同しました。

「魅力があるだけで、何があってもツイて、人が集まって成功するんじゃけーすごいのう」ガネちゃんのいうことはもっともだと思いました。

「何をやるかじゃなくて、誰がやるかが成功の大条件。つまり、魅力がある人かどうかが大事なんですね」

「ワシは何をやってもうまくいくじゃろーが。なぜならいつも魅力的になることしか考えていないからじゃ。ワシをようく見て見習いなさい」

自称魅力的なガネちゃんは自信をもって言いました。

「今日の締めくくりにまとめちょくが、魅力があるちゅうのは、強運のことを指す。強運体質の人ちゅうのは、ツキも全ても引き込むちゅう必然的に魅力的にできあがっちょるんじゃな。じゃけ〜強運体質になるには魅力的になることが、とっても大事なのや」

「分かりました！　すべては強運体質になることから始まるということですね。毎日気を引き締めて頑張ります」

「そうじゃ！　その調子で最終までいってみよう！」

今回の本で、魅力的なガネちゃんのファンが増えそうですね（笑）。魅力的な人間になるということを身近なところからやっていきませんか。それこそが人生を有意義

に送っていける成功への鍵なのですから。

ガネちゃんからのメッセージ――
神様に愛される人こそが強運になれるということ

この本を大体一通り仕上げて、ガネちゃんとホッと一息。頂き物の大きなどら焼きを食べながら、最後のまとめの話をしていました。

ガネちゃんは真剣な顔をしてこう言いました。

「さあ、いよいよ最終章じゃ。最後の締めに、願いを叶える神様のワシがビシッとまとめようのぅ」

「待ってました！　さすが神様。よろしくお願いいたします」

「これまで、強運体質になるには、という話をずっと書いてきたんじゃが、なんか気づいたことはあるか？」

「すみませんが、よく分かりません」

「なにぃ⁉　まあええか。ワシが詳しく教えちゃろう！」

「ありがとうございます！　よろしくお願いします」

「結局、これまでずっと書いてきた強運になるためにはというのは、どうしたら神に愛されるかちゅうことなんじゃよ。いかに神様に愛されるかで、運命は決まるんじゃゃぁ」

「そうか！　そういえばそうですよね」

「前回のタックの本で、神様に愛される人の項目をもう一度ちゃんと見直してみろやぁ！」

「はい、見てみます。

神様に好かれる人の特徴としては

●素直な人
●前向きな人
●行動的な人
●不思議な力を信じられる人

●物事をポジティブに考えられる人
●感謝できる人
●自分以外の人の幸せを願える人
●どんな「困難」にもくじけず「希望」を見出そうと思える人
など書いてありました」


これは人に愛される人といってもよいですね。

神様に愛される人というのは、たくさんの苦難や試練を与えられている人のことをいいます。しかも、耐えられないくらいの厳しい苦難や試練の連続であること。

ちょっとやそっとではなく、生きるか死ぬかレベルの半端ない苦難です。

身から出た錆で起こったような、カルマの法則の結果のような、因果応報によって自分で勝手に苦しみを作って自滅して苦しんでいるのとは違う。

神に愛される人には、生まれ持って強運になるためにか、そのような苦難の連続のプログラムが組み込まれているのかもしれない。

まさに、死なない程度に、魂を磨くに値するような身を削るような恐ろしいことが普通に起こるのです。それを乗り越えていった人だけが強運になれるのです。

スピリチュアル系と言われる人たちのほとんどは、悲しく苦しいことを避けるための手段として逃げ場としてスピリチュアルなものに依存することが多い。

自分は神に守られているから大丈夫だとか、勘違いも甚だしい。現実逃避なのでしょうが、現実に立ち向かわなければ、苦しみや悲しみからはどうしても逃げることはできないのです。

本当の幸せを知るためには、苦しみと喜び、つまり光と闇の両方を知る必要があります。苦しみである闇を経験しないと、光が分からない。

闇の中でしか光が灯せないように、苦しみに直面して克服してこそ、幸せになれるもの。反対を言えば、苦しみを経験しないと、本当の幸せを実感することができないのです。

「石の上にも三年、強運になるには数十年じゃの。でも何事が起こったとしても神様はずっと見守っておるぞ。そのことは忘れちゃあいかん。助けを求めたら助け船を出しちゃるのに、みんなそのことを知っちょらんみたいじゃぁ。もったいないこっちゃ」

ガネちゃんは、神様がいつも見守っていてくれてると言ってくれたので、私は即座に答えました。

「ええええぇ、そうなんですか！　神様にＳＯＳを出さないと分かってはくれないんですね。知らなかった。これからは助けてもらえるよう助けを求めてみます」

神様が人を助ける時の方法としては色々な方法があります。

実際には、モーゼの十戒のように海を真っ二つに割るような派手な、直接的なことはしませんが、神様はとても粋なやり方をするのです。

その粋なやり方はと言うと、神様は困っている人の元に何らかの助け船を出してくれるのです。

例えば、船が転覆して人が海で溺れていたらちょうど、丸太が流れてきて浮き輪代わりになってとりあえず助かったとか。そしてさらに、通りかかった船に乗せてもらって、救出されたとまでいくと、さすがに神の計らいとしか考えられませんね。

森で迷っていたら、いきなり熊が出てきて逃げ回っていたら、向こうで鉄砲の音がして熊がどっかへ行ってしまって助かったりとか……。

昔話でいうと、家族が病に倒れてお金がなくて途方に暮れていると、愛犬が庭に穴を掘った場所に金が埋まっていたりとか。

昔話でよくあるように神様は〝動物〟を使いに出して、困っている人に〝神様からの助け船〟を出してくれていたのです。

現代的に言うと、病で倒れ、仕事が急にできなくなって、お金が底をついて途方に暮れていた。すると前に買っていた宝くじが高額当選していたとか、たまたま保険をかけていてお金が入ってきたとか。

流行ってない田舎の喫茶店で人が来なくなって、今年いっぱいでやめようと思い、自分の好きなクッキーだけ作っていたら、それが口コミで話題になって、地元のテレビに出演してさらに話題になり予約がひっきりなしに入って、驚くほどの挽回で大流行のお店になったとか。

山道で車を走らせていて、人通りがほとんどないところで大きな木にぶつかって身動きできなくなっていたところに、すぐにたまたま通りかかった人に発見されて救急車を呼んでくれて九死に一生を得たとか。これらは偶然ではなく、あなたが発した助けのＳＯＳが神さまに届いたからなのです。助けを求めたから、助け、つまりツキを舞い降ろしてくれたのです。

これらの神がかり的な救いが、これまで述べた〝ツキ〟のことなのです。

神の助け船が出されたとしても、言い換えるとツキが舞い降りてきたとしても、普通の人には分からずじまいのことがほとんどかもしれません。

神に愛されている強運の人こそ、神の救いによって差し出されたものに気付いて、助け船に乗ることができる。つまりツキをつかみ取っていくことができるのです。

「神様の助け船、それこそがツキなんじゃよ。ＳＯＳの声を聴いて、せっかく

助け船出しちょるのに、つかみ取らんのがようけおるんじゃ。助かる道があるのに見つけきらんで、途中で諦めたりしちゃもったいない話じゃのう」

ガネちゃんは神の助けであるツキを瞬時に察して、つかみ取りなさいという、人生においてとても大事なことを教えてくれました。そして、またこう言いました。

「でもな、皆が皆に助けがあるっていうもんじゃなく、助けてもらうには日頃の行いが大事なんじゃな。だいたい神様ちゅうのは、素直なやつが大好きちゅうことを忘れちゃいかんよ。

とにかく、明るく前向きに素直に生きることが神様に愛されるコツなんじゃ」

まず、神様に愛される第一条件は〝素直な人〟、これにつきます。

神様は、素直なあなたが大好きなんです。そのことを忘れないでほしいと思います。

神様の前で社会的地位や容姿、知識比べなどは必要ありません。

どれだけ神様の前で素直な自分でいられるかが、大切なのです。

つまり、どれほど私が私でいられるかということです。

自分をしっかり持っていて信念があり明るく、素直であるというのが神様に好かれる人の特徴です。

神様は、表面的なことや物質的なことには何の興味もない。金持ちだろうが、貧乏だろうが、地位名誉、権力があろうがなかろうが、どうでもいいのです。その人がどれだけ自分の魂を磨けたかなのです。その人の持っている本質的なもの、つまり人としての魂のレベル、つまり徳の高さに尽きるのです。

我々がなぜ生きているのかというと、魂を磨くためなのです。あの世には、この世で積んだ徳しか持っていけないのですから。いかに今世で徳を積んで魂レベルを上げていくかが、重要な課題となるのです。

つまりそれは、魂のレベルの高さ、もっと言うとその人の持つ人間力の向上につながる。魂を磨くには、苦難、困難、試練を経験するしかない。神に愛されている人は、必ず何らかの身を削るほどの苦難を経験した人たちです。

そんな、生ぬるいものではない。あり得ないくらいの困難な人生のカリキュラムを生まれ持ち、数々の修羅場を乗り越えたものしか神に選ばれ愛されない。つまりはそれくらいしないと本当の強運にはなれないのだから。

「神様に愛されるっていうのも、苦難を乗り越えて魂を磨かないといけないなんて、なかなか難しいんですね」

私がそう言ったら、すかさずガネちゃんもこう言いました。

「そりゃそうじゃ。神様と対話するにはある程度の魂のレベルが高くないと、まともな会話もできんじゃろうが。かなりの人間力がないと神様から幸運が受け取れるような器ができんのじゃ。あらゆる苦難をクリアして乗り越えてきた崇高な魂を持った人間のみが強運になってツキをつかみ取って幸運になれるということ。分かっちょるか⁉」

また、神社に参拝したからと言って、いいことがあると神様に見返りを求める人ってたくさんいますよね。それって根本的におかしいと思いませんか。大間違いです。

感謝します、ありがとうございますと、うわべの言葉を並べて言うだけでは薄っぺらで、行動が伴わなければだめ。上手くいかなかったのは、神様のせいだ！　とか、祈祷してもらったから、もう大丈夫だ！　とか。すべてを神様に責任転嫁する人も神が忌み嫌う人種です。

そこでガネちゃんが怒って話し出しました。

「神様が何か願いを頼まれて、それを叶えてあげたとするじゃろう。でも世の中には、手のひらを返して、自分の力でできたって、神様をないがしろにする不届き者が結構おるんじゃ。神様ちゅうのは、そういった無礼者からは救いの手を引っ込めるんじゃよ。お礼参りもせんと助けてもらったことを当たり前のようにのうのうと暮らしていたら、必ず天罰が下る。感謝の気持ちがない奴は速攻地獄行きじゃあ」

ガネちゃんが言っていることは、確かにそうだと賛同しました。

他にも、スピリチュアルな知識や用語だけ覚えて、自分は神様に優遇されているとか、分かったつもりで神のなりすましみたいになるのも勘違いがはなはだしい。はっきり言って、神も仏にも見放されて非常に危険です。

神様に愛される人は、やはり、神様や仏様、ご先祖さまを大切にしているもの。

毎日、神棚や仏壇に手を合わせています。これは基本中の基本かもしれません。

いつもお参りしている神社のご祭神と同じ神様が祀られていたら、立ち寄ってお参りする。

お願い事が叶ったらお礼に御神酒やお賽銭を持ってお礼参りに行く。このお礼参りがとても大事なのです。このお礼参りができない人が結構いるのではないでしょうか。

神様が願いを叶えてあげたとしても、自分の力でやったという驕りが出て、感謝の気持ちの欠片もない厚かましい不届き者がいます。そんな無礼者には、胴上げで神の力で上げてもらったとしても降りてくる時に手のひらを返されるような感じで、奈落の底に突き落とされるでしょう。自業自得です。

いつも感謝の気持ちを忘れず、謙虚で素直な人がずっと神に愛され続けるのです。

節目節目のお参りやご報告は欠かさないという人が神様に好かれます。

誰だって自分を大切にしてくれる人は大切にしたくなりますよね？　神様も一緒です。

この世（我々人間の世界）は、あの世（神様方の世界）のほんの一部と言われています。

だから、この世もあの世も線引きはなく、自然に私たちの世界にある目には見えませんが現実的な世界なのです。

つまり、現実とスピリチュアルな世界は別物ではありません。現実に起こる不思議な偶然の出来事もスピリチュアルではなく必然だといえます。現実とスピリチュアルな世界を別物と考えてしまうと、そこには神様の一番嫌いな依存が生まれます。

「この本を読み終わって、具体的にいろいろ実践して強運体質になった暁には、みんな神様にも愛されるという特典もついておるのじゃぁぁぁ！　すげえ本じゃのう‼　神様にえこひいきされるちゅうことはなんでも願いが叶うちゅうこ

これからとじゃけのぅ。なんと素晴らしい。これでこわいもんなしじゃっ！　これから幸せになれる人がたくさん増えるちゅうわけか！　うおっほほっ～」

ガネちゃんは嬉しそうでした。

「今、こんな時代にピッタリですね。私ももっと強運になれますように日々是前進で頑張ります！」

神様に愛された人は、何かと優遇してもらえるもの。やたら運が良くなるといった感じ。

つまり強運なのです。不思議に良い縁を引き寄せる、謎の導きやミラクルが起きる、あり得ないシンクロが起きる、人生の展開が早くなるなど、信じられないことが立て続けに起きてきます。

不思議とお金が回る、絶体絶命のようなトラブルに遭ってもなぜか持ち直すことができ、有害な人たちとどんどん縁が切れていき、なんだか毎日楽しいと思えることが多くなるなど、心豊かに暮らせます。

しかし、神様に好かれ愛される人というのは、自分だけが幸運になるのではなく、神様の分身として、神の意向を伝達し、世の中を良くしていくことができる人と言えます。

そのためには、素直で純粋な清らかな心が前提として必要となります。神様といえども、ああ言えばこう言ううるさい人よりは、ユーモアのセンスがありながら、さり気なく気が利く、さっと動くことができる人の方がいいに決まっています。

神様って、遊び心があって、ユーモアがあるんです。神様は人間ぽいところがあるので、いい加減、適当な部分も結構多い。

そして意外ですが、人間界のルールにのっとった「品行方正な清く正しい人」は、必ずしも神様から愛される条件とは合致しない、ということです。あまり、細かいことばかり言って、ごちゃごちゃうるさい型にはまった人は嫌いなんです。

生きるというのは面倒なことや大変なことの修行の連続ですが、生きていれば楽しみや喜びを感じることもできます。決して悲観的にはならず、ある意味、楽天的に生きることが大切なのだと感じます。

神様に愛される人は、人の気持ちが分かる、自分以外の人の幸せを願える、そういった人なのです。神様は素直な人が大好きなんです。そのことを忘れないでほしいと思います。

神様に愛される人は、特に人生は修行が多めなのだから、「まあいいか、どうにかなる」ぐらいの大きな懐で乗り切らないと生きていけません。風の時代に向けて、神様に愛される人は、確実に幸せな人生を歩めます。


くり返しになりますが、生きることとは、魂の修行です。魂は削って削られて、修行を重ねて、次第に輝きを増すものだからです。そうやってその人の器、つまり人間力を大きくさせます。

楽をさせてくれる人ばかりに囲まれていたら、魂の修行になりません。だからこそ神様はあえて、あなたにとって大変な状況を作ったり、困らせる人を置いたりしているのです。

でもそれは気付きのためかもしれない。ピンチはチャンスなのですから。自分自身が幸せになるための過程にしか過ぎません。

なぜなら、辛い魂の修行ほど、それによって得られた人としての器が大きくなる。つまり人間力が大きくなるほど、強運体質になればなるほど、幸せがたくさん受け取れるようになるからなのです。


あとがきに代えて、ガネちゃんからのメッセージです。


「この本を読んで随分と強運体質になったみんな。何かあったらこの本をもう一度読み返してみ。忘れちょったこともたくさんあるじゃろうから。

また軌道修正してツキを引き寄せて運気アップしてから、復活したら、ますます強運体質になっちょるはずじゃ。

忘れちゃあいけないのは、日々の心がけや言動に気を付けて生きていくことじゃ。

みんなたくましく生きてこんな時代を乗り切っていこうや！

ほな、また会いましょう！　みんな元気でな！　どうもありがとうございました」

この本を読んでいる人たちすべての人が、たくさんのツキを手に入れ、幸せな人生を送ることができますように。

ガネちゃんと一緒に皆さんのこれからの幸運を祈って、この本を終わりにしたいと思います。

「超強運」のつかみ方

著　者　ゆりあ（優李阿）
発行者　真船美保子
発行所　KK ロングセラーズ
東京都新宿区高田馬場4-4-18　〒169-0075
電話（03）5937-6803（代）　振替 00120-7-145737
http//www.kklong.co.jp

印刷・製本　大日本印刷（株）
落丁・乱丁はお取り替えいたします。※定価と発行日はカバーに表示してあります。
ISBN978-4-8454-5186-9 Printed In Japan 2024

本書は2022年４月に出版した書籍を新書判として
改題改訂したものです。